縝密計劃 or 臨時起意？單獨行動 or 存在共犯？
從屍體特徵反推凶手喜好，刑偵專家必備的高端心理技術

許大鵬
京師心智 編著

OFFENDER
PROFILING

破案！讓關鍵線索浮出水面的

犯罪側寫

▶ 作案者腦中有一個幻想世界，清楚勾勒出受害人的輪廓
▶ 為了驗收自己的「傑作」，連環殺手往往會重回案發現場
▶ 即便是因殺人導致的負面關注，那也比被人無視還要好

儘管凶手小心再小心，不在行凶過程中留下 DNA 證據，
側寫專家依然能透過蛛絲馬跡，準確揪出背後的神祕人——

目錄

前言

　　「犯罪」是一個經常出現在人類生活中的詞語，也是一直伴隨著人類社會的一種醜惡現象。從古至今，世界各地都設有專門偵查處理罪案的部門或機構，這些部門存在的目的就是減少犯罪、遏制犯罪。但從另一個角度來講，凶手和他們所犯的凶案也是人們茶餘飯後的一個談資。

　　到了近現代，社會生產力飛速發展，人與人、人與世界之間的距離不斷拉近，社會進入了一個高速發展的新時期，而犯罪史也翻開了新的篇章。「連環殺手」這個詞就是在這個時候出現在人們視野中的，這些喪失了人性的殘忍暴徒連續不斷地犯下驚天大案，使得各國警方疲於奔命，罪案的偵破比率也直線下降。

　　為了能夠將連環殺手徹底清除，各國的司法部門先後成立了偵辦連環殺人案或特人凶殺案的專業機構，這些機構都會有意識地搜集與連環殺手有關的檔案，從這些檔案中歸納連環殺手的殺人模式，找出殺手們的共性，有目的地預防連環殺手及連環凶案的出現。也就是在對這些凶案的研究過程中，犯罪心理側寫（offender profiling）技術應運而生了。

　　可以說，犯罪心理側寫專家是應對連環殺手強而有力的武器，他們可以透過研究連環殺手遺留在案發現場的蛛絲馬跡來找出連環凶殺案之間的關聯及共性，透過這些凶案的共性推理，預測出最可能作案的嫌疑人，這樣一來警方的調查範圍就會大大縮小，案件的偵破進度也會大幅加速，在使用最少資源、最短時間的情況下將作案真凶抓獲。

前言

　　一般情況下，普通的警察是很難理解連環殺手的作案心理及作案動機的，更何況連環殺手在連續作案的過程中還會不斷改良作案手法，使得各起凶案之間的連繫變得越發微妙。如果警方無法洞悉其中的奧妙，那他們就會將這些看似不同的凶案當成單獨的個案來處理，這樣一來，警方手中的線索就會越來越少，花費的時間、精力也會越來越多，也就無法將連環殺手順利抓獲了。

　　犯罪心理側寫專家就是從事連環殺手及特大凶殺案研究的專業人員，他們可以準確地判斷哪些案子是連環殺手所做，哪些只是普通的凶案，專家們還可以透過殺手在作案時留下的細微線索判斷出凶手的種族、年齡、體格、職業、性別、受教育程度等特徵，並掌握連環殺手的喜好，推算出殺手作案的頻率，讓警方逐漸掌握先機，洞察殺手的真實意圖，最終將真凶逮捕歸案。

　　本書在寫作過程中參考了《Crime Scene 犯罪現場》、《CI 罪案偵緝》、《天生殺手》、《CSI 犯罪現場》等節目和影集內容，希望對書中案例做進一步了解的讀者可以觀看以上節目。

第一章

老奶奶殺手

 犯罪心理側寫就是指專業的犯罪心理側寫專家在凶案發生後，根據警方在偵查階段中所掌握、提供的已知的凶案線索和案情，對未知的或與犯罪嫌疑人有關的行為、動機、心理過程以及嫌疑人的心理特點進行分析的過程。在將這些分析內容轉換成文字形式之後，這份分析報告就可以將犯罪嫌疑人的外在形象以及活動特徵等情況描述出來。

第一章
老奶奶殺手

1989年3月1日，位於澳洲雪梨北海岸的摩士曼市已經進入了秋季，這裡氣候宜人、風景秀美，是當地非常著名且讓人嚮往的旅遊城市。摩士曼市的治安一向很好，這裡從來都沒有發生過任何一起治安案件，所以生活在這裡的人們都顯得特別閒適，他們欣賞著秋日裡獨特的美景，享受著富足且安逸的生活。

格溫多琳‧米切希爾（Gwendolin Mitchelhill）是一名82歲的獨居老婦，她獨自生活在摩士曼市的一套小公寓中。3月1日下午時分，格溫多琳先去購物中心購物、用餐，然後於4點鐘左右回家，她像往常一樣漫步在摩士曼市的街頭，但就在這一段並不算遠的路程上，恐怖的事情發生了。

當格溫多琳路過一個俱樂部的時候，一名陌生人悄悄尾隨了她。在格溫多琳來到公寓樓前準備打開大門的時候，這名陌生人攻擊了她。十幾分鐘後，幾名來到公寓玩耍的小孩子發現了倒在大門前的格溫多琳，她的頭斜倚在乳白色的門框上，頭部流了很多血，門框和地面上已經被大片的血跡染紅了。

幾名孩子以為老太太是不小心摔倒在地的，他們找來家長將老太太送進了醫院。當天夜晚，格溫多琳因搶救無效死亡。警方在初步調查之後發現，老太太隨身攜帶的一個裝有大量現金的紅色錢包不見了，這讓警方對這起案子產生了懷疑。

警方邀請了雪梨州最有權威的法醫病理學家約翰‧達福羅博士對格溫多琳的屍體進行屍檢。約翰博士透過法醫屍檢發現了一條十分重要的線索，他在格溫多琳的腦後發現了一處傷口，並在顱骨中線的位置上發現了一處骨折痕跡。

按照常理推測，人在向後跌倒的時候頭會不由自主地傾向一側，這

是人體非常基本的一個動作，因此如果是向後跌倒在地，就不可能使顱骨中線部分出現骨折的狀況；如果是撲倒在地，則又不可能傷到後腦勺。所以，約翰博士推測格溫多琳是死於意外襲擊。除此之外，整起案件還有另一條重大線索。格溫多琳遇害後，她的內褲、褲襪和鞋子都被脫了下來，雖然屍檢報告證明格溫多琳並沒有遭到性侵害，但這同樣意味著這起案子是不同尋常的。

在拿到屍檢結果之後，警方馬上展開調查，但不幸的是，由於公寓內的管理人員誤以為格溫多琳是意外跌倒受傷的，所以在將她送進醫院之後，物業管理人員就將門框和地面上的血跡清理乾淨了。當警方在幾個小時後趕到現場準備搜集證據的時候，案發現場只剩下一些殘留的血跡了。

雖然案發現場距離摩士曼市的主街區僅有幾公尺，公寓附近的不遠處還有一個小規模的建築工地，但凶手的作案手段十分老練，沒有被任何人目擊到他作案的過程，案發現場也沒有留下任何證據，再加上這起案件在當地只屬於「個案」，因此這起案件在初期調查無果後就陷入了停滯。

1989 年 5 月 9 日，84 歲的芙蕾達（Winfreda Isabel "Freda" Hoggard）從俱樂部內走了出來，她是澳洲著名風景畫家威廉・阿仕頓（John William Ashton）的遺孀，威廉去世後，她就獨居在摩士曼市。芙蕾達先去了一趟購物中心，然後準備回家。走到家門前的時候，芙蕾達先去查看了自己的信箱，然後又轉身去了公寓一側的垃圾房，她想要將信箱中取到的無用信件丟掉。就是在這個時候，凶手突然襲擊了她。凶手狠狠地將芙蕾達的頭撞向地面，很快就將她擊昏了過去。

等到警方趕到案發現場的時候，芙蕾達躺在垃圾房的地板上，她雖

然穿了一件紅色的大衣，但依然不能將地板上的大攤血跡遮掩住。芙蕾達的下半身赤裸著，她的褲襪被脫了下來，凶手就是用這條褲襪將她勒死的。芙蕾達的手提包丟在屍體旁不遠的地方，手提包是打開著的，一支口紅掉在不遠處的地上，這意味著凶手可能翻動過這個手提包。死者的拐杖和鞋子被整齊地放在她的腳邊，這顯然是凶手故意擺放在那裡的。

這起凶殺案和第一起幾乎完全一樣，沒有任何一個目擊者，警方也沒有掌握任何有價值的線索，這讓此案的調查行動進展緩慢。警方既不能確定嫌疑犯的身分，也不能確定嫌疑犯的作案動機。經過初步分析，警方認為此案可能是由外地人所為，因為他們覺得摩士曼市的市民都是很善良的。連續兩起凶殺案讓當地政府倍感壓力，警方也組織了大規模的搜索行動，他們先後調查了摩士曼市方圓 4 公里內的兩萬多名住戶，但這次行動並沒有得到任何線索。

隨即，警方又在幾名「疑似」目擊者的幫助下勾畫出了嫌疑犯的大頭照。這幅嫌疑犯大頭照畫的似乎是一個癮君子，他蓬頭垢面、衣冠不整、滿口黃牙、面相凶惡。乍一看，這幅生動的畫像描繪的就是一個大壞蛋。但在犯罪心理側寫專家看來，這幅畫像所描繪的不過是人們的一種固有觀念，人們常在潛意識裡相信只有這樣的人才會殺人，才會是警方需要逮捕的對象。

雪梨首屈一指、經驗豐富的法醫精神病學家羅德‧彌爾頓博士應邀對凶手的心理面貌進行推斷並研究凶手的犯案動機，以幫助警方盡快破案。羅德博士認為，嫌疑犯很可能是一個有正當工作的當地人，因為兩起凶殺案的案發地點距離並不遠，這說明凶手是有選擇且目的很明確地作案，只有當地人才能輕鬆做到這一點。

至於凶手的作案動機，很可能是在他的某段重要人生經歷中，和某個與他有著重要關係的女人關係異常，這種異常的關係在嫌疑犯的內心裡播下了罪惡的種子。隨著時間的流逝，罪惡不斷累積，最終爆發。凶手的這段經歷就是他心理變態的根本原因，也正是致使他殘害老年婦女的最終原因。

　　透過這個人的作案手法來看，嫌疑犯應該是一個身體強壯的白人男性（一般的連環凶殺案都是同種族異性作案，被害人都是白人女性，作案者就應該是白人男性），這個人還應該當過兵，有服兵役的經歷，只有這樣的人才能在短時間內迅速且不留痕跡地作案。一般情況下，像以上所述的重大惡性案件，作案者應該是年輕且身體強壯的男人。

　　當地警方根據羅德博士的分析以及凶手的作案時間、作案地點等因素，很快就將視線鎖定在了距離案發現場很近的一所學校，他們認為在這個範圍內，學校裡年紀不大且強壯的學生有非常大的嫌疑。警方出動了大量警力對這所學校內的學生進行了調查，並反覆詢問了該校的校長及老師。此外，警方還調查了駐紮在摩士曼市附近的海軍及陸軍，以求可以找到與凶案有關的線索。

　　就在警方努力調查的時候，案情出現了新的進展。原來，芙蕾達的鄰居在檢查她的信箱時，發現了她丟失的錢包。有目擊者稱，這個錢包最早被丟在摩士曼市的阿仕頓公園內，這個公園正是為了紀念芙蕾達的丈夫──阿仕頓先生的父親而建造的。警方隨即對公園進行了大規模的搜查，但並沒有得到有用的線索。隨即，警方又將破案的重點放在了外來人口作案上面，在當地，這種類型的罪案只占據全部罪案的 20%，屬於最難偵破且線索最少的案件。

　　警方認為這兩起謀殺案有著許多共同之處，兩名遇害的獨居老人都

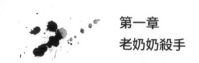
是被暴力殺害，且死後都被凶手擺成了一副帶有侮辱性的不雅姿勢。被害人的褲襪、內褲、鞋子都被脫掉，被害人的錢包被拿走，顯然都屬於謀財害命型的罪案，儘管第二名被害人是被勒死的，但眾多證據證明了這兩起謀殺案之間是有關聯的，這兩起凶案的凶手極有可能是同一個人。

1989 年 10 月 18 日下午 4 點 10 分左右，住在摩士曼市斯比特路附近的 84 歲獨居老婦陶麗斯·考克斯（Doris Cox）正在公寓外的人行道上散步。當時，殺手正準備去郵局，在看到陶麗斯之後，馬上就跑到她的身後尾隨起來，而陶麗斯則毫不知情。當陶麗斯走過一段走廊，轉過彎來到一堵矮牆前的時候，凶手突然從她的身後衝了出來，他抓著陶麗斯的頭，狠狠地、連續不斷地撞向牆壁。

在這種高強度的攻擊下，陶麗斯來不及做出任何反抗，她很快就昏死過去了。幸運的是，陶麗斯被路人發現並送進了醫院，但案發現場依然被清理了（人們誤認為陶麗斯是意外跌倒的），一直到晚上 10 點，醫生才察覺到了異常。

可惜的是，陶麗斯太太患有老年癡呆，她無法提供任何線索給警方，也不知道是誰將自己擊昏在地的。這起謀殺未遂案發生以後，警方就開始進行懸賞，他們從各個管道搜集線索，有目擊證人稱，在案發時間段內，曾有一名十八九歲、踩著滑板的男孩出現在案發現場附近。警方著手繪製嫌疑人側寫，並開始搜查。

羅德·彌爾頓博士推薦介入調查的犯罪心理側寫專家認為，如此老練的犯罪過程意味著凶手是一名犯罪老手，他一定犯過同類型的凶案，雖然當時他可能並沒有殺人。凶手在第一次殺人的時候只是將被害人的內褲、褲襪、鞋子脫掉，而第二次則用從被害人身上脫下的褲襪將被害

人勒死，這意味著第一次作案成功給凶手帶來了非常強烈的自信心，所以他才會在第二次作案的時候嘗試以新的方法殺死被害人，而第三次作案意味著凶手的殺人停滯期正在快速縮短，這就意味著他馬上就會再次作案。

儘管這一次的被害人沒有死亡，但如果凶手得知了被害人是一名老年痴呆症患者，且警方沒有從被害人身上得到任何有用的線索的話，凶手的自信心就會再次膨脹，這個消息甚至會讓他相信自己是完全可以將警方玩弄於股掌之中的。在這種高度膨脹的自信心的影響下，凶手的作案頻率會越來越高，作案時的手段會越來越殘忍，但這也會讓凶手變得麻痺大意，案發現場可能留下的線索也會變得越來越多，警方則可以透過這些線索確定凶手的真身，這也是警方偵破凶案的關鍵點。

就在警方努力搜集指紋、皮屑等其他法醫證據及尋找作案凶器的時候，距離摩士曼市不到 16 公里的萊恩科夫市再次發生了一起凶案。78 歲的桃樂絲・本奇（Dorothy Beencke）正提著購買的物品沿著人行道緩緩行走，就在這時，凶手來到了她的身邊，桃樂絲並不知道她身邊這名男子的身分，他們竟然攀談了起來，凶手還主動幫她提起了購物袋。桃樂絲還邀請凶手去家裡喝茶，但凶手推說有事，謝絕了桃樂絲的邀請。

在將桃樂絲送到家後，凶手竟然大發善心，沒有殺害這名老太太，他轉身沿著來時的小道往回走。幾分鐘後，凶手在小路上與提著商品回家的瑪格麗特・帕哈德（Margaret Pahud）擦肩而過，瑪格麗特 85 歲，她拄著拐杖行動遲緩，正好是凶手的獵殺對象。

凶手從瑪格麗特背後發動襲擊，他暴力擊倒了這名老太太，脫掉了她的鞋子、褲襪和內褲，將她的拐杖和鞋子整齊地擺放在她的身邊，然後將她的錢包帶走。不久後，瑪格麗特被送進了醫院，但其他人依然誤

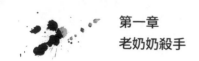
認為瑪格麗特是不小心摔倒在地的，於是就將案發現場的血跡、線索全部清理乾淨，這樣讓警方再次失去了獲得線索的機會。

犯罪心理側寫專家認為，凶手在這麼短的時間內就能從一個和善的年輕人轉變成一個內心充滿仇恨、具有殺戮衝動的惡魔，這說明了他是有選擇地襲擊老年婦人，並且極度仇恨被他選擇的老年婦人。凶手在作案之後從容地將被害人的鞋子、拐杖整齊地擺放在一邊，已經轉變成了凶手殺人後必須要做的一件事情，這似乎是他的標識，這種行為帶有很強的嘲諷和侮辱意味，進一步證明了凶手的盲目自大。

犯罪心理側寫專家認為，發生在摩士曼市的 3 起案件顯然是同一個人所為，但這起發生在 16 公里以外的案件，雖然案發的過程十分相似，但他們依然需要考慮作案者是否是受到了「盲從症候群」（指作案者模仿其他凶手的作案手法殺人）的影響，因此專家初步認為這起案件是其他凶手所為。

殺手的目標非常明顯，所有的受害者都是 70～90 歲之間的老太太，這也就意味著，對殺手產生重大影響的那名女人應該是凶手的長輩，她和凶手之間的關係很密切，但凶手非常仇恨這個女人。案件雖然發生在光天化日之下，凶手的手段也極其殘暴、凶狠，但透過凶手選擇的殺害對象來看，凶手應該是一個內心怯弱的懦夫。由於警方至今都沒有找到凶手的指紋，因此又推斷出凶手在作案時應該是戴著手套的。

屍檢結果顯示，這起凶案的被害人同樣死於頭部重創，但法醫部門依然不能透過屍檢來找到致使被害人死亡的凶器是哪種，屍檢專家只能初步推測凶器是一把鈍器，可能有一定的重量，但又不是很重，應該有幾公斤重，絕對不會超過 10 公斤，而且這種凶器能夠給人造成極大的傷害。

在短短的 7 個月之內，就先後有 4 名老婦人遇害，造成三人死亡一人重傷的嚴重後果，在當地引起了極大的反響。當地的媒體替作案的凶手取了一個「老奶奶殺手」（The Granny Killer）的代號，當地警方在辦案的時候也用這個代號來稱呼凶手。現在警方需要考慮的是凶手到底還會不會繼續作案，又會在哪裡作案？警方又該如何界定調查區域？

一天午後，81 歲的奧莉芙·克里夫蘭德（Olive Cleveland）正在摩士曼市貝爾羅斯地區退休村的長椅上休息，就在這時，一名不速之客也坐到了長椅上，奧莉芙準備起身離開，這名不速之客則猛地抓住了她的手臂，然後將她拉到一個緩坡上，在確認周圍沒有其他人之後，這名陌生人就用鈍器猛擊奧莉芙的頭部，將她擊倒在地之後，凶手脫掉她的褲襪，然後狠狠地勒住了她的脖子。

凶手用褲襪將奧莉芙勒死之後，翻看了她的手提包，將手提包裡面的錢幣拿走後，把手提包、拐杖、鞋子整齊地擺放在死者身前。退休村的工作人員發現被害人的屍體後，就將她的屍體放進了村子內部的停屍間，這些工作人員武斷地認為奧莉芙太太是重摔在地致死的，雖然他們隨後通知了警察，但犯罪現場的痕跡還是被他們給提前清理了。

犯罪心理側寫專家認為，在連續 5 起襲擊案件發生後，警方依然沒能找到哪怕一名目擊證人，假設凶手是外來的陌生人，那他一旦進入社區內部，就會馬上引起社區其他成員的注意，這也就意味著凶手很可能就是社區內部的常住居民，而且他和其他居民之間的關係很融洽，所以社區內的其他居民才沒有注意到任何可疑的人。

凶手使用絲襪勒死被害人的行為，除了暴力宣洩內心中的仇恨以外，更重要的是透過這種方式對被害人實施性侮辱。在這幾起凶案中，用絲襪勒死被害人是完全沒有必要的舉動，凶手這樣的行為代表著在凶

手的心目中，殺人並不是最終目的，殺人只是為了方便他實施更深一層的侮辱行為。

凶手在殺人結束之後，總是會將被害人的物品整理得非常整齊，這除了有侮辱警方的含義之外，還意味著凶手很可能本身就有著隨時整理物品的習慣。在正常情況下，只有現役或者退役軍人才會保留這種習慣。

連續發生 5 起凶殺案之後，警方抽調了 70 多名資深警探，成立了專門偵破此案的專案組，警方還多次安排老年人參加安全培訓，提醒這些老年婦女在外出的時候注意個人安全。各大媒體也爭相報導與凶案相關的細節，政府還將懸賞金額提升到了 20 萬澳元，可是儘管如此，警方依然對「老奶奶殺手」一無所知。

93 歲的穆莉爾‧法爾科納（Muriel Falconer）身體一直很好，她獨自一人在摩士曼市馬斯頓街的一棟寬敞公寓內生活了 39 年。穆莉爾習慣不鎖後門，她從不擔心自己的安全。鄰居們提醒穆莉爾要注意個人安全，但她並沒有放在心上。

11 月 23 日，穆莉爾獨自出門購物，下午 5 點鐘的時候，穆莉爾慢慢走到了家門口，就在她打開大門的時候，凶手從後面襲擊了她，當時她奮力掙扎起來，凶手又繞到她的前面狠狠地擊中了她的頭部，然後又把她往屋內拖。這時穆莉爾依然在掙扎，凶手又重重擊打了她的頭部。殺死穆莉爾之後，凶手和以往一樣處理了凶案現場。

第二天，穆莉爾的屍體才被鄰居發現。由於發現凶案現場的鄰居是一名女護士，她很好地保護了案發現場，警方終於在凶案現場找到了迄今為止「老奶奶殺手」一案中的第一個證據 —— 一個沾有血跡的鞋印。警方並沒有將這個消息公之於眾，以防凶手在得知這一消息後將作案時

所穿的鞋子處理掉。

　　法醫透過鞋印判斷出了鞋子的款式，這是一雙中老年人穿的男士皮鞋，這雙鞋很寬，但並不長，所以凶手的個頭應該並不高。同時，這條線索還排除了警方之前的推測，凶手顯然不是一個年輕人。

　　為了讓凶手放鬆警惕，警方還在犯罪心理側寫專家的建議下，在案發現場不遠處的工地內大肆採集證據，並對外宣稱凶手曾在這片工地裡出沒，工地內的鞋印就是凶手留下的。警方的行為讓凶手打消了警惕心，因為他從來都沒有去過那處工地。儘管如此，凶手還是用鹽酸將作案凶器處理了一遍，在他看來，這樣就能做到萬無一失了。

　　犯罪心理側寫專家在整理警方的日誌時發現了一條重要線索，有人在案發時間段內於凶案現場附近發現了一名有著銀灰色頭髮、穿著銀白襯衫、大腹便便的中年男子，當時，這名男子正在凶案現場附近徘徊。犯罪心理側寫專家馬上在警方的電腦檔案庫內輸入關鍵字 —— 灰髮男子，搜尋範圍是雪梨北海岸前一年的犯罪報告，搜尋的結果讓警方十分興奮。

　　在這次搜索中，警方共找到了 6 名嫌疑人，其中一名灰髮男子一年前曾在摩士曼襲擊了 84 歲的瑪格麗特‧托格亨特（Margaret Todhunter），這名男子的名字叫約翰‧威恩‧格拉佛（John Wayne Glover），顯然這名灰髮男子很可能就是警方要找的人。格拉佛是一名餡餅銷售員，警方先透過電話詢問了格拉佛，但格拉佛拒絕回答任何問題，並聲稱自己會在第二天帶著律師去警局，可是格拉佛並沒有這麼做。

　　第二天傍晚時分，警方再次打去電話，格拉佛的妻子大發雷霆，她聲稱警方的這種無端懷疑讓格拉佛幾近崩潰，他買了大量安眠藥試圖自盡，但這家人過激的態度讓警方更加懷疑格拉佛。經過調查，警方還發

第一章
老奶奶殺手

現格拉佛已經喪失了性能力。犯罪心理側寫專家認為，格拉佛的這種情況剛好可以解釋「老奶奶殺手」為何要將被害人擺出不雅的性侮辱姿勢，卻又從未性侵過任何一名被害人。

　　警方決定 24 小時監視格拉佛的行蹤，並在他的汽車上安裝了追蹤裝置，希望他可以露出馬腳，找到更多與「老奶奶殺手」相關的證據。透過追蹤，警方又發現，格拉佛還是一所退伍軍人俱樂部的常客，而這所俱樂部的位置剛好在「老奶奶殺手」活動範圍的正中心。此外，格拉佛還犯有 2 項婦女猥褻罪、2 項攻擊罪和 5 項盜竊罪。犯罪心理側寫專家非常肯定地告訴警方，約翰·威恩·格拉佛就是「老奶奶殺手」，不過想要將他逮捕，警方還必須掌握足夠的證據。

　　幾周後，格拉佛明顯察覺到了警方的追蹤，他還從妻子那裡得知了警方正在調查他的消息，格拉佛徹底恐慌了。1990 年 3 月 11 日早晨，格拉佛出門買了一瓶威士忌，然後駕車趕到了位於 Beauty Point 的一所住宅內，這裡是 60 歲獨居婦女 —— 瓊·辛克雷爾夫人（Joan Sinclair）的家，而辛克雷爾又是格拉佛一家的好朋友。此外，警方還得知了格拉佛和瓊·辛克雷爾已經交往了近 18 個月，這也是他被辛克雷爾熱情歡迎的原因。

　　整整 8 個小時過去了，辛克雷爾家裡沒有傳出任何動靜，這讓負責跟蹤的專案組成員十分焦躁，但他們又不能輕舉妄動。傍晚過後，辛克雷爾家裡養的那幾隻狗一直在拚命吠叫，這讓警方找到了一個入室調查的理由。專案組安排了兩名警員以噪音擾民的名義進入辛克雷爾的屋子，兩名警員打開門後就看到了一具倒在門廊內的屍體，死者就是辛克雷爾。

　　辛克雷爾夫人的遇害方式和其他被害人非常相似，只不過這次被害人的屍體旁還丟著一把錘子。儘管這把作案凶器是首次露面，但這和屍

檢專家的推測是相符的。在此之前，專家之所以沒有推測出凶器是一把錘子，原因就是凶手在行凶的過程中會用毛巾或其他紡織物品將錘子包起來，這極大地改變了被害人的傷口及血跡的模式。此外，也與案發現場多次被清理破壞有關。

　　警方還在浴室內找到了格拉佛，格拉佛正仰躺在浴缸內，浴缸被放滿了水，水面上還漂浮著大量嘔吐物。格拉佛的手腕上有切割的傷痕，顯然他試圖割腕自殺，但並沒有成功，他又配著威士忌服下了大量安眠藥，企圖服藥自殺，但大部分都被他嘔吐了出來，警方馬上將他送進了醫院。

　　「老奶奶殺手」落網了，人們都長舒了一口氣，但也有人不願意相信這個過著普通家庭生活，有妻子、孩子和工作，生活在社區中的普通中年人竟然是一名殘忍至極的殺手，但事實就是如此，這種狀況顛覆了當地人的傳統認知。

　　在結案之前，警方還有許多事情要做，他們需要對格拉佛進行審訊，弄清楚他所犯下的這些凶案的作案細節。警方先將格拉佛送進醫院，格拉佛在第二天就恢復了知覺並開口說話。犯罪心理側寫專家很清楚在審訊這種凶殘的殺手時，一定要從貼近他的事情說起，這樣才能撬開格拉佛的嘴巴。

　　警方在犯罪心理側寫專家的建議下開始了審訊，他們從拉家常開始，慢慢博得了格拉佛的信任。沒過幾分鐘，格拉佛就談起了那些被殺害的被害人，他告訴警方，這些被殺害的老太太都和他的岳母相像。格拉佛的話無疑是從間接角度證明了他與被害人的死有關，這讓警方很興奮，他們將談話的內容詳細地記錄了下來。

　　審訊的進展十分迅速，在警方詢問每一起凶殺案的凶手時，格拉佛

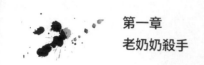

都會直接表明他就是作案真凶，而且還在口供的後面乾脆地簽下了自己的名字，他簽名的時候顯得很平靜，這讓警方有些吃驚。犯罪心理側寫專家認為，格拉佛之所以會非常平靜地簽名，原因是他想要對自己所犯的謀殺案做一個陳述，這種一吐為快的情緒使他可以平靜地簽下自己的名字。

在接下來的審訊中，格拉佛非常平靜地將所有凶案的細節全部陳述清楚，警方也終於掌握了這些凶案的始末。警方還在格拉佛的家中搜到了一雙皮鞋，這雙皮鞋和在 93 歲的穆莉爾‧法爾科納太太遇害現場留下的腳印相吻合，這也是警方所掌握的第一件明確物證。

當天傍晚，警方就正式指控格拉佛犯有謀殺穆莉爾‧法爾科納和瓊‧辛克雷爾的罪名。雖然，格拉佛對他的謀殺罪行供認不諱，但警方必須在他被還押待審的時候，解決掉另一個重大阻礙 —— 必須證明格拉佛在行凶的時候精神是處於正常狀態的。為此，警方將格拉佛帶到了凶案現場。在這裡，格拉佛又一次詳細地描述了他跟蹤和謀殺被害人的全過程。

警方還得知格拉佛在殺人之後，都會拿著從被害人身上得到的金錢去俱樂部消費，他用這些錢來請自己的朋友喝酒。有時候，格拉佛還會請一些剛剛結識的老年婦女喝酒，他的這種行為可以為自己下次行凶提供機會。犯罪心理側寫專家認為，格拉佛顯然是從這種行為裡面得到了他想要的快感，這種快感正是驅使他不斷行凶作案的罪魁禍首。

格拉佛還喜歡從電視或者報紙中看關於「老奶奶殺手」的報導，他經常以非常平淡的口吻和家人及其他朋友談起這些凶殺案，並說上一些「警察真笨」、「警察蠢得像頭豬」之類的話。格拉佛的態度讓家人及友人們都不願意相信他就是「老奶奶殺手」。犯罪心理側寫專家認為，格拉

佛的這些行為同樣是他從凶殺案中獲得快感的管道之一，而且這樣的舉動可以最大限度地降低自己被他人懷疑的機率。

經過詳細的調查，犯罪心理側寫專家發現：格拉佛出生於英國烏爾漢普頓的一個工人家庭。格拉佛的母親弗麗達（Freda）生性放浪，她先後交往了很多男性，有著幾任丈夫和諸多男友，而且她在與這些人交往的時候從不避開格拉佛，這也是格拉佛的內心開始出現扭曲的第一個誘因，格拉佛也因此開始仇視年長女性。

犯罪心理側寫專家經調查發現，格拉佛在青少年時期就已經有了輕微犯罪的歷史，有一次還因為盜竊被警察關進了監獄。格拉佛曾將這段經歷隱藏起來，然後又參加了軍隊，但不久就被軍隊查到了他的那些犯罪歷史，格拉佛又被趕出了軍隊。儘管格拉佛從軍時間很短，但正是從軍的經歷讓他擁有了可以在短時間內殺害被害人的能力。

1957年，格拉佛移民到澳洲墨爾本生活。在這裡，格拉佛有過幾次猥褻婦女的犯罪紀錄。犯罪心理側寫專家認為，格拉佛所實施的犯罪正在慢慢加重，這說明他內心中的罪惡正在一步步增強，馬上就要到達爆發的時刻了，而這種爆發只需要一根導火線。

1968年，格拉佛與蓋伊・羅爾斯（Gay Rolls）結婚，夫婦二人移居到雪梨，和蓋伊的雙親住在一起。從某種程度上講，格拉佛的這段婚姻有「攀高枝」的嫌疑，而蓋伊的母親艾希（Essie）也非常不喜歡格拉佛。等到格拉佛搬進艾希家以後，他和岳母之間的矛盾就進一步擴大了。

1990年3月28日，格拉佛被送到格萊博王室法院內接受審判。在這次初審中，格拉佛被指控犯有6項謀殺罪和一系列攻擊罪，即便格拉佛已經承認了自己所犯下的罪行，但他依然謊稱自己患有間歇性精神障

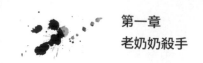
礙，並試圖以此來證明自己是無罪的。

格拉佛的謊言被很多陪審團成員及其他受過高等教育的人所認同，他們認為像格拉佛這樣拿著錘子四處擊殺老太太的人，顯然意味著他的精神是有缺陷的，因為沒有正常人會做這種事情。如果陪審團一致認定格拉佛是患有精神病的，那在極端的情況下，他就會被免除所有他需要承擔的法律責任。

1991 年 11 月 18 日，正式審判開始了。辯方律師先拿出了兩份精神病專家提供的檢測報告，這些精神病專家認為，格拉佛所犯下的罪行是來自於他對自己母親和岳母的仇恨，這種根深蒂固的仇恨讓他在作案的時候完全是處於癲狂的精神不正常狀態。

犯罪心理側寫專家馬上就批駁了辯方律師的這種說法，專家認為：格拉佛在一年內所犯下的罪行全部有著非常詳細且周密的計畫，他會在作案前事先準備好作案工具 —— 錘子，他在殺人之後並沒有做出瘋狂破壞被害人屍體的舉動，而是盡快離開作案現場，這證明他並沒有被仇恨蒙蔽雙眼，殺人的目的只是為了報復、發洩和取樂。

格拉佛在作案的時候還會在錘子上蒙上紡織物品，以此來阻止警方透過屍檢管道找到凶器並搜查攜帶這種凶器的車輛或者行人，他在行凶後還會將作案時所使用的橡膠手套燒掉，用鹽酸清洗錘子上面沾有的血跡，並且會將用剩下的酸液放進後院裡的漆桶內處理掉，這樣嚴密且有條理的行凶及善後過程顯然意味著凶手在作案前、作案中及作案後的神智都是非常清楚且精神處於正常狀態的。

犯罪心理側寫專家還指出，格拉佛在作案之前，他的母親和岳母就已經先後正常去世了，岳母和母親的去世點燃了格拉佛內心深處積壓著的仇恨，他很快就將他對母親及岳母的仇恨轉移到了其他與岳母或母親

有著相似特徵的老年婦女身上，而這就是他殺人的動機。雖然從某種角度來講，格拉佛是不幸的，家庭環境對他產生了極大的負面影響，但這並不能抵消他所犯下的罪行。

在犯罪心理側寫專家的合理分析之下，陪審團只經過短短幾個小時的商議就達成了一致。隨即，法庭宣判警方指控格拉佛的所有罪名全部成立，辯方律師提供的精神失常證據則全部被駁回，約翰·威恩·格拉佛被判處無期徒刑，並在利特高監獄中服刑，直至死亡。2005 年 9 月 9 日，格拉佛在利特高監獄中自縊身亡，儘管警方依然懷疑格拉佛與其他 7 起凶殺案有關，但這些祕密都被他帶進了墳墓。

【背景知識】什麼是犯罪心理側寫

犯罪心理側寫就是指專業的犯罪心理側寫專家在凶案發生後，根據警方在偵查階段中所掌握、提供的已知的凶案線索和案情，對未知的或與犯罪嫌疑人有關的行為、動機、心理過程以及嫌疑人的心理特點進行分析的過程。在將這些分析內容轉換成文字形式之後，這份分析報告就可以將犯罪嫌疑人的外在形象以及活動特徵等情況描述出來。

整體來講，犯罪心理側寫就是透過分析作案人遺留下來的能夠反映其特定犯罪心理特徵的各種表象或資訊，來刻劃作案人犯罪心理及外在形象的偵查過程。犯罪心理側寫是一個動態的偵破過程，該過程不可能與刑偵過程中的其他手段、措施相背離，而且只有在偵破凶案以後，整個過程才最終結束。

從廣義上面來講，犯罪心理側寫的技術源自 4 個方面：刑事偵查、法醫鑑定、心理評估、預測以及文化人類學。該技術主要是借用犯罪心

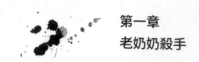

理學的原理以及其他相關的科學知識，在心理分析的基礎上分析犯罪現場遺留下來的所有證據，不管這些證據是故意留下的還是意外留下的，也不管這些證據是不是過於微小或不起眼的，只要有痕跡、細節，犯罪心理側寫專家都能由此推測凶手的個性或心理特徵，並在這一基礎上描繪出凶手的性別、年齡、種族、職業甚至學歷等一系列特徵。

　　一般來說，警方可以將犯罪現場的總結報告和法醫屍檢的結果以及其他與案情有關或者與被害人有關的線索資訊提交給專業的犯罪心理側寫專家，再由犯罪心理側寫專家分析、回饋關於凶手的推測報告。

第二章

魔鬼屠夫

 通常情況下，犯罪心理側寫這門技術主要適用於系列性案件，比如系列殺人案、系列搶劫、盜竊案、系列性故意傷害案等等。當然，如果有些普通案件具備了典型的作案特徵，那同樣可以使用犯罪心理側寫技術來進行偵破。

1949 年 10 月 24 日，在距離溫哥華東部約 24 公里左右的一處農場中，羅伯特·皮特頓（Robert Pickton）出生了。羅伯特的父親老皮特頓在這裡經營著一個農場，一家人以屠宰家畜為生。老皮特頓有三個孩子，除了羅伯特以外，還有一個小兒子大衛和一個女兒琳達。在老皮特頓看來，女孩子是不適合待在農場的，於是他就將女兒送到溫哥華的親戚家居住，留下兩個兒子幫忙打理農場。

老皮特頓的妻子是一個特別嚴厲的女人，她給孩子們安排了大量需要馬上去做的活兒，在她的眼裡，養好豬才是最根本、最首要的問題，她也從不會去主動關心孩子們的衛生和健康問題，所以孩子們的身上總是帶著一股難聞的「豬屎味」。在孩子們的圈子裡，大家都知道老皮特頓家的孩子是從不洗澡，也不換衣服的，他們就和「臭豬仔」一樣難聞。幾乎全部的孩子都不願意與老皮特頓家的孩子玩耍。

羅伯特和大衛的成績也不好，他們兩個人的思維反應比較慢，因此經常在課堂上出醜。學校的老師替他們安排了補習課程，這進一步加劇了兩人對讀書的厭惡。兩人開始蹺課，他們總會從學校的課堂裡逃出來，躲藏到自己的臥室內，等到放學的時間到了，再從臥室內出來，以避免蹺課這件事被父母發現。

犯罪心理側寫專家認為，羅伯特的童年生活以及母親、老師和其他孩子們對他的態度使他的性格變得孤僻起來。在這種性格的影響下，羅伯特的興趣主要集中在了務農和養家畜上面，他尤其關心那些不會說話且不討厭自己的家畜。對羅伯特而言，這是他能夠找到的唯一可以排解內心痛苦、轉移注意力的方法，如果這個排解管道被人打斷，羅伯特很可能會發生極端的改變。

羅伯特在 11 歲的時候用自己的積蓄在溫哥華的一場拍賣會上購買

了一頭小花牛，這頭小牛也就成了他唯一的玩伴和傾訴對象，羅伯特將自己的全部精力都投入到了這頭小牛身上，他每天都會抽出時間，趕回家中餵養、照顧這頭小牛。對羅伯特來講，這是他生命中非常重要的一件事。

不幸的事情很快就發生了。有一天，羅伯特回家後並沒有看到那頭小牛的身影，他跑去問自己的母親，母親顯得非常輕鬆，她平淡地告訴羅伯特，他應該去穀倉看看。羅伯特在那裡發現了小花牛被分割成塊的屍體，這一幕讓羅伯特瘋狂地大喊大叫，他歇斯底里，卻又毫無辦法。

犯罪心理側寫專家認為，羅伯特的母親在未經他允許的情況下就將這頭小花牛殺死的事情，無疑是給他致命一擊，這讓他對人類所存有的最後一點情感、希望和連繫都統統消散了，羅伯特的心開始變得堅硬起來，他已經開始向著另一個極端方向走去。多年以後，又有誰能夠想到致使羅伯特走向屠殺、滅絕之路的起因就是這件看似尋常、普通的殺牛事件呢？

時光繼續流逝，羅伯特不得不繼續自己的生活。1965 年，14 歲的羅伯特選擇輟學，他決定進入一家屠宰場當學徒。在這家屠宰場，羅伯特發現自己在解剖動物屍體方面非常有天分，他的剝皮技術、分割肉塊骨頭的能力都很強，這讓他更加了解自己所從事的事業，並掌握了非常厲害的屠宰技術。

羅伯特在這家屠宰場一待就是 4 年，這 4 年中他宰殺了大量動物，雖然他的工作很枯燥，也很繁重，但犯罪心理側寫專家認為，將這 4 年的屠宰生涯稱為「羅伯特的快樂時光」也不為過，這些看似繁重的工作將羅伯特的注意力暫時轉移開，極大地緩解了他的心理衝突。可惜的是，這段時光同樣不能長久。

第二章
魔鬼屠夫

　　1966 年 10 月 16 日，羅伯特再次經歷了一場人生變故。羅伯特的弟弟大衛在 16 歲的時候拿到了駕照，他興奮地開著自家的皮卡車出門兜風，在途經一條鄉間小路的時候，大衛不小心撞到了一名小男孩，他嚇得六神無主，急忙駕車逃回了家中，並將這件事告訴了他的母親。

　　大衛的母親很平靜，她讓孩子們不要慌張，讓大衛將車子開進車庫，並把車庫門鎖上，然後獨自一人去處理這件事情。大衛的母親趕到事發地點，她發現那個小男孩傷得很重，儘管這個孩子還活著，但大衛的母親依然將他推進了路邊的河溝中，把這個孩子活活溺死了。

　　警方在事後調查這起案子的時候，將這名孩子歸結為事故致死，警方也沒有掌握確鑿的證據，因此並沒有將這件事和老皮特頓一家人連繫起來，這個案子也就這樣匆匆了結，大衛和他的母親逃脫了法律的制裁。

　　犯罪心理側寫專家認為，羅伯特和大衛的母親是一個有著極端反社會人格的人，正是她的這種極端反社會人格時時刻刻影響了羅伯特，使羅伯特形成了極端、惡劣的反面人格。母親所做的這件事對羅伯特的影響非常大，這件事讓羅伯特不再懼怕法律，也將他重新拉到了錯誤的人生道路上。

　　羅伯特在過完 21 歲生日以後，就辭去了屠宰場的工作，他返回父親的農場做起了全職，而事實上，羅伯特也不得不這樣選擇，因為他除了做這份工作以外，根本不會也不敢去做其他事情。犯罪心理側寫專家認為，羅伯特的這種情況完全源於他的母親，在他的內心中，農場是一個非常安全的地方，只有在這裡他才不會失敗，才能生活下去。

　　從此以後，羅伯特就一直做著養豬、屠宰的工作，因為工作原因，他還經常去位於溫哥華西岸附近的回收廠，這處回收廠主要收集、處理

廢棄動物的屍體。羅伯特經常到這裡將廢棄動物的屍體丟進攪拌機中製造副產品，所以這裡的人都認識他。此外，羅伯特還會在返回的時候順道去東城區一個叫「下層軌道」的地方，這裡聚集了大量妓女和癮君子，這裡的人們大多從事盜竊、販毒及賣淫等工作。

羅伯特會在這裡找到他想要的感覺，他會給妓女大把的金錢，買她們想要的東西，妓女們也會在自己的圈子裡向其他妓女炫耀。因此，在這片區域內的妓女口中，羅伯特就是一名「好好先生」。羅伯特開始經常光顧東黑斯汀大街的愛斯托利亞酒吧，在這裡男人們會和他平等交談，而女人們則會滿足他的性需求。在這裡，他似乎找到了自己應有或者說是他想要的位置。

犯罪心理側寫專家認為，羅伯特從小就是一個不起眼，也不被他人所尊重的「小人物」，而在這家酒吧中，他可以幫助其他人，其他人也需要他的「幫助」，這似乎讓他擁有了從未體驗過的感覺以及夢寐以求的權利，這種感覺讓他越來越迷戀這個地方。

慢慢地，羅伯特開始更加頻繁地尋找那些可以滿足他的妓女，他總是展現出一副很友好的面孔，用殷切的關懷和友善的外表來博得這些妓女們的信任，但只要這些女孩上了他的車，他就會馬上變得暴力起來。就這樣，羅伯特有規律地繼續著自己的生活，他白天在農場工作，晚上則來到酒吧消費，享受揮金如土的感覺。

很快，這種有節奏的生活再次被打斷。1978 年，羅伯特父母的身體開始出現問題，1 月初，他的父親去世，而他的母親又患上了癌症。羅伯特在照顧母親的時候，發現這個曾經無所不能的女人現在變得非常蒼老、非常脆弱，羅伯特格外傷心。3 個月後，羅伯特的母親去世了，這給羅伯特帶來了非常沉重的打擊。

第二章
魔鬼屠夫

　　犯罪心理側寫專家認為，世界上最原始的感情就是母親和孩子之間的親情，這種感情是人得到的第一份感情，也是最難以割捨的一份感情，在失去了這份感情之後，羅伯特內心中積壓著的醜惡馬上就要爆發了。

　　母親死前將農場留給了 3 個孩子，但大衛和琳達並不想從事和農場有關的工作，他們分了財產後，就將農場交給羅伯特照看。儘管有些人認為羅伯特是一個像豬一樣生活的人，他不愛乾淨，整天只知道圍著豬轉，活得就像一頭豬，但犯罪心理側寫專家認為羅伯特之所以繼續做這份工作，除了與他害怕自己不能在外面的世界取得成功以外，還有一種繼承家業的責任感。

　　父母留下的房子分給了弟弟大衛，羅伯特就搬到了農場邊上的一輛拖車內居住。羅伯特在這個只屬於他的農場裡開始了新生活，他會在工作之餘帶女性到農場裡玩耍，他還會教她們屠宰技術，然後帶她們去看電影或者逛街。在這段日子裡，羅伯特經常更換自己身邊的女性。

　　羅伯特很不會講話，和他交往的朋友大多是有求於他的人，他會用毒品或者錢將不同的女性帶到自己的拖車裡，讓她們打一些零工或者幫他打掃環境。雖然這些女性不介意他的衛生狀況，但她們從來都不會和他上床，儘管他非常想。

　　1980 年的一天晚上，羅伯特在街道上遊逛，他看中了一名女孩，這名女孩只有 14 歲。羅伯特在將這名女孩騙上車以後，就粗暴地強姦了她，然後在路過一個廢棄停車場時，將這名女孩推下了車。在此後的 10 年中，羅伯特一直過著白天工作，晚上嫖妓、酗酒的生活。

　　犯罪心理側寫專家認為，此時，羅伯特的心理已經產生了難以逆轉的轉變，在他的眼中，妓女是連豬都不如的「生物」，他可以肆意凌辱這

些人，而強暴並逃脫懲罰的戲碼進一步增強了他的快感，這種快感會一步步增強，也會使他變得越來越熱衷於襲擊和暴力，而更暴力的事情馬上就要發生了。

1994 年，土地突然變得值錢了，羅伯特和弟弟賣了一部分農場，這樁買賣讓他們賺到了將近 200 萬美元。有了錢之後，羅伯特和弟弟在 1996 年成立了一個名叫「豬仔皇宮好時代會」的社團，這個社團經常舉辦一些派對，每次都有幾百甚至近千人前來參加。羅伯特經常帶妓女參加這個派對，然後就將妓女帶進自己的拖車。

當時，羅伯特很有錢，他的社會地位也得到了明顯提升，所以他起初透過不停提供毒品給妓女的辦法來滿足自己的性需求，但是到了後來，羅伯特就再也控制不住自己內心中的暴力因素，他那收斂的舉動也慢慢演變成了殘忍的殺戮。

1997 年 3 月，第一名被害人出現了。這名被害人是一名妓女，她叫溫蒂（Wendy Lynn Eistetter）。當晚，羅伯特試圖在溫蒂睡覺的時候給她戴上手銬，但溫蒂掙脫了，羅伯特很憤怒，他拿了一把刀威脅溫蒂，溫蒂也順手拿了一把刀，羅伯特刺了她一刀，溫蒂也回刺。隨後溫蒂趁亂逃出了拖車，被路人所救。

由於溫蒂不敢去法院指控羅伯特，因此警方提交的控告被法院撤銷了，羅伯特再次逃脫了法律的制裁。1997 年 8 月，羅伯特又選中了一名叫瑪妮‧弗雷（Marnie Lee Anne Frey）的女孩，這名女孩是一個癮君子，羅伯特就用毒品將她騙到了他的拖車內，此後人們再也沒有看到過瑪妮。

犯罪心理側寫專家認為，羅伯特很可能用兩種方法處理了瑪妮的屍體，第一種是將她的屍體分割後埋在農場內，第二種是將瑪妮被分割後的

屍體帶到動物屍體銷毀處銷毀。瑪妮‧弗雷的死亡只是整個連環殺人案的序曲，羅伯特強烈的性慾和對女人的控制欲將會演變成他瘋狂殺人的新欲望。

對羅伯特來講，用妓女想要得到的東西將她們騙上車，並帶到被他完全掌控的拖車內，實施性侵、暴力殺人、分割被害人的屍體、銷毀或埋藏屍體，整個過程的每個細節都是他所喜歡的，他享受這件事情。

在 1995 ～ 1997 年這兩年間，一共有 21 名婦女在這片混亂的區域內失蹤。但在當時，整個地區內的人們都不願意或者不敢相信羅伯特是導致這些婦女失蹤並殺死她們的罪魁禍首。犯罪心理側寫專家認為，連環殺手在作案的時候都需要越來越大的快感，這種快感會逐漸提高他們的殘暴程度，羅伯特的一系列行為正好完全符合連環殺手的心理演變過程，顯然他就是殺害妓女的罪魁禍首。

截止到 1998 年，該地區又有 9 名女子失蹤，但由於失蹤的都是妓女，所以社會並不關注這一問題，警方也沒有展開任何調查行動。即便是有被害人的家屬向警方報案，警方依然以這些人本來就是處於灰色地帶、消失很可能是悄悄去和別的男人「度假」為由拒絕展開調查。事實上，警方只是不願意接手連屍體都找不到的凶案，他們更不會主動把失蹤案升級為凶殺案。

儘管警方不關注這方面的事情，但妓女和癮君子都不會在街頭四處遊蕩了。只不過，很多妓女還是會上羅伯特的車，這不僅是因為他會付錢，還與他一直有一個「好好先生」的稱號有關。有些妓女甚至和羅伯特成了朋友，這其中就有一個叫琳恩‧愛麗森的妓女。琳恩是一個癮君子，她曾因為吸毒而在羅伯特的拖車內待了好幾個月。

犯罪心理側寫專家認為，像羅伯特這樣的連環殺手通常都有兩種或者兩種以上的生活方式，他們並不會殺死自己遇到的每一個女人，每一

名被害者的背後都有著很多複雜的原因，連環殺手也會有自己判斷、選擇獵物的標準，並不會盲目殺人。

1999 年，琳恩當時就住在羅伯特的拖車內，有一次，她吸毒後就在拖車內睡著了，半夜時分，她被農場後面傳來的「咄咄」聲吵醒。出於好奇，琳恩悄悄前去查看，她從門縫內看到了一具懸掛在肉架上的屍體，這具屍體是喬治娜·帕潘（Georgina Papin），她是羅伯特的新獵物。琳恩嚇壞了，她慌慌張張地逃離了農場，但羅伯特並沒有去追她。

犯罪心理側寫專家認為，羅伯特之所以沒有追上去殺死琳恩，是因為在他的心裡，琳恩是他的朋友，而大部分連環殺手選擇殺害的對象都是陌生人，一般是不會殺死自己認識的人的。琳恩逃離之後也沒去報案，羅伯特依然在繼續他的殺戮。

布蘭達·沃爾夫（Brenda Ann Wolfe）是一個癮君子，她想去羅伯特的拖車里弄點毒品，但她從此再也沒有出現過，她是溫哥華街頭失蹤的第 53 名女性。妓女們變得越來越警惕，這讓羅伯特很難弄到新獵物，他開始利用他的妓女朋友——戴娜·泰勒釣取獵物。戴娜一般會去女子收容所找妓女和癮君子，然後利用金錢或毒品將被害人帶到羅伯特的拖車內。

到了這裡，羅伯特就會以這些女人動了他的錢包或者偷了他的錢為由，大發雷霆，並攻擊這些女性。截止到 2001 年 1 月，溫哥華地區失蹤的女性多達 62 人，警方終於在同年 4 月展開了失蹤婦女一案的調查行動。警方懸賞搜集線索，羅伯特第一時間就進入了警方的視線，但由於沒有確鑿的證據，警方只能暫緩調查。

就在警方展開調查的同時，羅伯特繼續實施殺戮。同年 6 月，安德莉亞·約思布雷（Andrea Joesbury）遇害，8 月，瑟琳娜·艾博斯威（Sereena Abbotsway）遇害，但這兩次殺戮過後，羅伯特並沒有將兩人的屍體

處理掉，而是將死者的頭、手、腿腳放進塑膠桶內，冷凍在放肉的冷庫中。犯罪心理側寫專家認為，羅伯特的這種行為是他過分自信的表現，他已經完全相信警方是無能的，也不在意這些未處理的屍體會給自己帶來危險，他相信自己不會因殺戮妓女而獲罪。

同年 11 月，莫娜·威爾森（Mona Lee Wilson）被羅伯特殺害，和以往不同的是，羅伯特選擇的作案地點是農場後面的露營地。殺人的時候，羅伯特使用了一把點 22 口徑的手槍，莫娜的血濺射到營地的牆壁和被褥上。

犯罪心理側寫專家認為，羅伯特之所以改變殺人模式，很可能是因為莫娜在和他睡覺的時候不小心觸怒了他，所以他才會選擇在這裡殺害她。而羅伯特的行為也預示著他已經不能控制自己內心中的憤怒和暴力傾向，他的情況已經非常嚴重，這個時候他很容易在作案時留下大量證據，而這也恰恰就是警方破獲此案的關鍵時期。

直到 2002 年 2 月，一名給農場運送貨物的貨車司機向警方提供了一條重要線索，他告訴警方，羅伯特的農場內有危險的武器，警方藉此申請到了搜查令。接下來，警方發現了令人恐懼的證物，並由此拉開了加拿大歷史上最大規模的法律調查的序幕。

憑藉著莫娜·威恩森遇害時留在牆壁、地板、被褥上的血跡，警方順利將羅伯特收押，然後繼續在農場內搜查其他罪證。在農場內的垃圾桶裡，警方找到了被劈成兩半的頭顱、被害人的頭髮、切成碎塊的殘肢。面對鐵一般的證據，羅伯特卻冷靜地否認了警方的一切指控。

犯罪心理側寫專家認為，警方這種審訊方式是不能取得效果的，因為羅伯特現在面對警方的態度是滿不在乎的，這和他的母親在面對他時所採取的態度一樣，而且羅伯特非常享受這種感覺，他蹺著二郎腿，看著警察像小丑一樣忙上忙下。審訊連續進行了 11 個小時，但沒有取得任何進展。

犯罪心理側寫專家認為，大多數連環殺手在被捕之後都有極其強烈的訴說欲望，只不過這種欲望一般不會針對警察罷了。在犯罪心理側寫專家的建議下，警方安排了一名便衣警察單獨和羅伯特待在監獄中。儘管羅伯特知道自己正被監控，但他依然控制不住自己「炫耀」的欲望。他向「獄友」宣稱自己要殺 50 個人，這句話意味著他已經殺了 49 個，而且還暗示了他是怎樣透過動物屍體回收站來銷毀被害人屍體的。

2002 年 2 月 22 日，警方以羅伯特·皮特頓蓄意謀殺莫娜·威爾森和瑟琳娜·艾博斯威將其告上法庭。與此同時，警方進一步加快了從農場中搜集證據的速度。整個證據的搜集過程持續了 22 個月，截止到 2005 年年底，警方已經確鑿地掌握了 27 起謀殺案的證據。

2006 年 1 月，震驚整個加拿大的重大連環凶殺案正式開審，該案件的審判過程持續了將近一年。在這次審判中，辯方律師將羅伯特定性為一個不可能獨立完成凶殺案的低能兒，儘管警方提交了大量確鑿的證據，但陪審團的意見一直不能統一。

2007 年 12 月 8 日，第一次審判的結果出來了：陪審團認為警方指控羅伯特的所有一級謀殺罪都不成立，但他們認為羅伯特犯有 6 宗二級謀殺罪，並以此宣判羅伯特·皮特頓被處以 25 年監禁。直到現在，警方依然沒能對 64 名失蹤婦女中的其他婦女的去向做出合理解釋。

犯罪心理側寫專家雖然不清楚羅伯特到底殺害了多少女性，但他們知道導致羅伯特從一個殺豬的屠夫變成一個殺人狂魔的原因。使羅伯特變成一個殺人狂魔的原因有兩個部分，一部分是先天的因素，這可能與羅伯特的遺傳基因有關；另一部分是後天學習得來的，這其中與他的心理變化因素有著非常大的關係，對羅伯特而言，現實生活是無趣的，只有不停地殺戮才能讓他感到「愉悅」。

第二章
魔鬼屠夫

【背景知識】犯罪心理側寫的起源及應用

　　犯罪心理側寫這一名詞最早源自美國聯邦調查局。犯罪心理側寫有很多種稱謂，有些人稱它是犯罪人側寫或者犯罪人格側寫，有些人則稱它為行為側寫、犯罪現場側寫以及犯罪偵查分析等。在美國聯邦調查局裡，犯罪心理側寫又被稱為犯罪現場分析的犯罪心理側寫技術，這種技術是由美國聯邦調查局下轄的行為科學部所創立的。

　　通常情況下，犯罪心理側寫這門技術主要適用於系列性案件，比如系列殺人案、系列搶劫、盜竊案、系列性故意傷害案等等。當然，如果有些普通案件具備了典型的作案特徵，那同樣可以使用犯罪心理側寫技術來進行偵破。

　　現階段，犯罪心理學側寫有 3 種主要方法：

　　第一種方法是美國聯邦調查局當前所使用的犯罪現場分析法，FBI 十分注重犯罪現場的各種特徵，他們通常會將犯罪現場特徵與被害人的詳細資訊等資料登錄犯罪特徵資料庫中進行側寫。

　　第二種方法是英國現在所使用的調查心理學的方法，這種方法注重犯罪現場的行為特徵所反映的心理學意義，用犯罪行為來推理出犯罪人的日常生活行為。

　　第三種方法是犯罪心理側寫中應用最廣泛的診斷評估法，這種方法是由臨床實踐經驗累積而成，也是大多數優秀警探、特務常用的刑偵推理方法。

第三章

流竄型連環殺手

 在調查凶案及對凶案資料進行分類的時候，犯罪心理側寫專家都會將凶手分成組織型個性者和無組織型個性者兩類。所謂組織型個性者有一個最大的共性，就是這類凶手都會有計劃地實施犯罪。組織型個性者所做的案件全部是有預謀的凶案，這些凶案並非以隨機的形式出現。

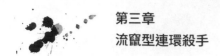

第三章
流竄型連環殺手

　　伊斯雷爾‧凱斯（Israel Keyes）是美國犯罪史上一位十分「特殊」的連環殺手。伊斯雷爾被捕後，他盡最大可能與警方抗爭，試圖透過隱瞞作案細節以及提供含混資訊的方式來操縱警方，讓警方為他所犯下的案件以及與他有關的事情疲於奔命，以至於警方不得不藉助犯罪心理側寫專家的力量，即便如此，警方最終也只能確認 11 起凶案與他有關。

　　犯罪心理側寫專家對伊斯雷爾很感興趣，專家們發現他會很仔細地挑選被害人，但他挑選被害人的目的和常規連環殺手不同，他的作案過程十分精細，每一步都像是在排兵布陣。伊斯雷爾所犯的每一起案件都盡可能地消除了所有證據，而他作案的目的似乎僅僅是為了享受作案過程及作案後不被他人發現的刺激感。

　　連環殺手在作案的時候，通常都會選擇同一類型的受害者，這些被害人大都有一個相似的特徵，之所以如此，是因為在殺手的幻想世界中，早已經形成了一副殺害對象的範本，殺手的獵殺對象都是按照這個範本進行挑選的。但伊斯雷爾並不是這樣的殺手，他似乎只想殺人，事實上，他追求的應該是殺人這件事，而不是去殺特定類型的人，所以他毋須按照範本殺人。

　　比爾‧柯里爾（William "Bill" Scott Currier）和他的妻子洛琳（Lorraine Simonne Currier）就是被伊斯雷爾殺害的一對老年夫婦，這對夫婦定居在佛蒙特州的一個普通小鎮 —— 艾塞克斯章克申鎮。在美國，這種小城鎮安詳又寧靜，抬頭就能看到飄著幾朵白雲的湛藍天空，溫暖和煦的氣候、幽美秀麗的自然風光使得這種小鎮非常適合頤養天年。但是很快，夫妻兩人的寧靜生活就被一個不同尋常的連環殺手打破了，他就是伊斯雷爾。

　　艾塞克斯章克申鎮的治安事件很少，所以居民們的安全意識普遍較

低，這樣的環境對連環殺手來講無異於是一處「人間天堂」。警方事後還原了比爾和洛琳遇害時的場景。案發 48 小時前，伊斯雷爾鬼鬼祟祟地混在機場候機的人群中，他想要搭乘阿拉斯加飛往芝加哥的航班。在芝加哥下了飛機以後，伊斯雷爾租了一輛汽車，徑直駛向佛蒙特州鄉下一個偏僻的地方，他將在那裡找到他作案時需要使用的工具。

犯罪心理側寫專家認為，這些存放在偏僻地點的殺人工具就是伊斯雷爾的一個特徵，這種存放殺人凶器的方法是他所特有的方法。他會搭乘飛機飛向美國的各個角落，在不同的地方尋找偏僻區域來埋藏他將要使用的殺人武器或行動時需要用到的備用物品。

每次作案後，伊斯雷爾就會將作案工具藏到早已挑選好的埋藏地，直到他再次需要使用它們，這也是警方不將他與其他連環殺手放在一起的一個主要原因。犯罪心理側寫專家認為，伊斯雷爾這種做法的最大目的，其實是為了在作案的時候可以在最短的時間內找到凶器並實施罪行，而且作案後還可以很好地將凶器藏起來，以防警方在偶然的情況下找到可供調查的線索。

伊斯雷爾顯然十分清楚警察在佛蒙特州鄉村往返巡邏的具體時間，而且他也早就選好了他即將闖入的那棟房子，他還做好了應對一切突發狀況的準備。在他這種環環相扣的精密安排下，被害人根本不可能做出任何有效的抵抗。

犯罪心理側寫專家認為，伊斯雷爾並不在乎他要攻擊的人是誰，他選中柯里爾夫婦也完全沒有任何特殊理由，吸引這個殺手殺害柯里爾夫婦的原因是作案成功和不被警方發現的可能性很高。伊斯雷爾在作案前早已徹底了解了柯里爾夫婦的情況，他事先調查了柯里爾家的戶型、環境以及居住在他家周邊的鄰居，並根據搜集到的這些資訊制定了一套堪

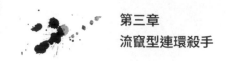

第三章
流竄型連環殺手

稱完美的殺人方案。

2011 年 6 月 8 日夜，艾塞克斯章克申的夜晚很溫暖，伊斯雷爾悄悄潛伏在柯里爾家屋外不遠處的一處雜草叢中，他靜靜地等待著。夜色深沉，柯里爾家的燈熄了。伊斯雷爾依然沒有行動，他繼續潛伏，直到他認為柯里爾夫婦已經熟睡，他才悄悄起身，慢慢靠近柯里爾家的房子。

伊斯雷爾清楚地知道柯里爾家沒有養狗，知道這棟房屋內沒有裝任何警報器，也知道這棟房子的哪個地方更適合潛入。潛入比爾家以後，伊斯雷爾先用鉗子剪斷了他家的電纜線和電話線，這樣一來，柯里爾家就一定不會向外界傳遞出任何消息了。

伊斯雷爾藉著手電筒發出的亮光，慢慢摸到了客廳，他順著樓梯悄悄向柯里爾家的臥室走去。犯罪心理側寫專家認為，從伊斯雷爾嫻熟的作案手法來看，類似的情況一定在其他地方上演過，當他決定行竊而不是殺人的時候，他就會拿走所有能夠找到的財物，然後潛逃，但如果他想要殺人，等待被害人的只有死亡。

伊斯雷爾悄悄摸到了柯里爾的臥室外，隔著房門，他都能聽到比爾沉睡時發出的呼吸聲。殺手十分興奮，似乎一切都在他的掌控之中，這也正是他所追求的致命快感。伊斯雷爾打開柯里爾臥室的房門，他看到比爾和洛琳只蓋了一床被單，兩個人睡得正熟。伊斯雷爾得意地回頭看了一眼掛在牆頭的時鐘，凌晨 3 點，這真是一個殺戮的好時間。

犯罪心理側寫專家認為，伊斯雷爾精心策劃的這次行動顯然不僅僅是為了殺死柯里爾夫妻，他應該還想要獲得足夠多的現金。如果伊斯雷爾打算繼續搭乘飛機飛往各地，想要付租車錢、打車費，那他就必須有一份高收入的工作，但殺手顯然是不會勤奮工作的，因為他們完全可以在殺人之餘獲取足夠多的金錢。

犯罪心理側寫專家認為，假設一名入室歹徒在殺人之前努力找錢，那被害人得以生還的可能性就會大大增加。伊斯雷爾在柯里爾家找錢的舉動其實是有助於阻止他殺死被害人的，如果伊斯雷爾沒有在柯里爾的家中得到足夠的金錢，那他還可以用綁架來獲得更多贖金，顯然，伊斯雷爾正要這樣做。

伊斯雷爾應該是陷入了某種經濟危機，他非常需要得到一筆錢，他仔細搜查了柯里爾的臥室，但這裡並沒有存放多少現金。於是，伊斯雷爾又弄醒了柯里爾夫婦，他用手中的武器威脅這對夫妻，嚴令他們不得吵嚷，然後他就用束線帶將被害人的雙手捆了起來，又用破布堵住他們的嘴巴，最後命令他們下樓。

伊斯雷爾事先已經找好了一個穀倉，他準備將柯里爾夫婦關進這個穀倉，然後再設法從這對夫婦身上獲取更多金錢。整件事情一直都按照伊斯雷爾設定好的路線發展下去，他似乎已經掌控了一切，如果這對夫婦還想活命，那他們就必須聽從伊斯雷爾的安排。

伊斯雷爾將這對夫妻帶到農場，他先把洛琳留在車內，然後將比爾押到穀倉，他將比爾捆在穀倉中的一把固定座椅上，然後準備回到車上將洛琳也關進來。等到伊斯雷爾走出穀倉的時候，他竟然看到洛琳已經掙脫束線帶，試圖向外逃跑。伊斯雷爾急忙追了上去，60多歲的洛琳明顯跑不過這個年輕力壯的殺手，她很快就被重新抓了回來。

伊斯雷爾將洛林押進穀倉，他發現比爾也弄壞了捆他的束線帶，現在他正朝著自己大聲喊叫。此時，局面已經失控，柯里爾夫婦的行為也完全超出了伊斯雷爾的意料，這是他計畫以外的事情，也是他不容許發生的事情。伊斯雷爾十分憤怒，他拿起一把鐵鍬狠狠地砸在比爾的頭上，比爾登時倒地，他又掏出一把手槍，當著洛琳的面殺死了比爾。

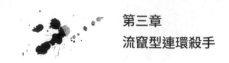

殺死比爾以後，伊斯雷爾又對洛琳實施了性侵，然後將她勒死在穀倉內。被害人夫婦死亡後，伊斯雷爾用黑色的垃圾袋將他們的屍體裝了起來，又把垃圾袋放到汽車的後車廂內。伊斯雷爾開車前往距離案發地幾百公里以外的紐約州，他要在這裡將屍體處理掉。

犯罪心理側寫專家認為，伊斯雷爾早在猶他州的時候就已經形成了非常可怕的人格。伊斯雷爾的父母是摩門教的教徒，他們決定讓伊斯雷爾在家接受家庭教育，並舉家搬到華盛頓鄉村居住。所以，伊斯雷爾從小就很少與其他人交流，他幾乎是在一個封閉的環境內長大，沒有朋友，也沒有參加過任何社會活動，但這些因素並不是他變成一個殺人惡魔的根本原因。犯罪心理側寫專家認為，在伊斯雷爾的成長歷程中，他一定接觸過一些極端事物，否則就無法解釋他為何會以一個基督徒的身分參與白人至上的遊行示威活動。調查發現，伊斯雷爾確實在搬到阿拉斯加後表現出了一些與種族歧視有關的暴力傾向。專家認為，不受任何人關心的伊斯雷爾注定會做出一些超乎人們意料的事情，這些事情可能好也可能壞。

美國軍方認為伊斯雷爾這樣的人是很好的，所以就讓伊斯雷爾進入軍隊歷練。他主要在路易斯堡服役，他在服役期間表現優異，並被授予了陸軍成就獎。專家發現，伊斯雷爾曾在服役期間去過一次埃及，回到美國後他就退役了，此外他沒有觸犯過任何軍規，專家無法肯定伊斯雷爾是否在前往埃及的時候遭遇過足以改變他一生的事情。

犯罪心理側寫專家認為，看似普通正常的因素被無情地連繫在一起，就很有可能會造就一種危險、邪惡的人格。伊斯雷爾有軍事訓練的經歷，他接觸過仇恨組織，他的軍事技能非常出色，並養成了繼續訓練這些技能的習慣，他還喜歡研究和製造武器，他有著很強的邏輯思維，習慣看時間、按時間表行事。

伊斯雷爾被捕後，曾宣稱自己患有解離性人格，他表示這種精神疾病已經控制他將近 14 年的時間。從軍隊退役以後，伊斯雷爾就獨自居住在阿拉斯加安克雷治鄉下的一個大湖旁邊，他只有一棟可以遮風擋雨的小木屋，他有時候也會住在湖邊的小船上，沒有人知道他待在這，這讓他很不容易被警方或者其他人追蹤到。從此以後，伊斯雷爾開始了他的殺人生涯。

　　伊斯雷爾到底殺了誰？這是犯罪心理側寫專家必須弄清楚的事情。起初，伊斯雷爾告訴警方他殺過 4 個人，但他並不告訴警方被他殺的人是誰，也不會說出埋藏死者的具體位置。犯罪心理側寫專家認為，伊斯雷爾最初只在阿拉斯加作案，他告訴警方的這 4 起凶案應該就是在這個時候犯下的，但他很快就意識到只在阿拉斯加作案，是有很大風險的，他的行為很可能會將他暴露在警方的視野中，於是他萌生了跨州作案的想法。

　　從此以後，伊斯雷爾就會搭乘飛機前往其他州作案，作案結束後再搭乘飛機返回華盛頓。每次外出，伊斯雷爾都會選擇使用現金，以避免留下任何電子消費紀錄，這也是他不斷作案又不被警方抓到的重要原因。

　　伊斯雷爾不願意告訴警方埋藏柯里爾夫婦的地點在哪，他的自制能力很強，他明確地告訴警方，他不想失去對事情的掌控。犯罪心理側寫專家認為，伊斯雷爾痴迷孤獨，這讓他更加熱衷於掌控他周圍的環境，他需要這種掌控感。從軍的經歷讓他進一步增強了自制能力，自制早已成了他生活中的重要組成部分。

　　犯罪心理側寫專家告訴警方，只要能夠找到伊斯雷爾埋藏凶器的地點，就能據此推斷出他作案殺人的區域，並循此確定他到底犯了哪些凶

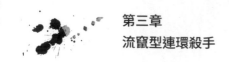

案。伊斯雷爾並不阻礙警方的調查，他甚至會主動向警方提供一些足夠重要的資訊，但這些資訊又是一些模糊的大致方位。比如：他會告訴警方，他曾將一些凶器埋在紐約州的某個湖旁或者某座山的山腳下。

犯罪心理側寫專家認為，伊斯雷爾就是透過控制資訊來延續他對整個局面的掌控，他似乎是想要藉此控制某些資訊的傳播。專家調查發現，伊斯雷爾還有一個居住在尼亞灣的女兒，他應該是害怕這些消息傳到她那裡。利用這一點，警方終於讓伊斯雷爾說出了一些有用的線索。伊斯雷爾告訴警方他曾在紐澤西州待過一段時間，警方馬上準備了一系列失蹤人口的照片讓他指認，當伊斯雷爾看到一位名叫戴布拉·費爾德曼（Debra Feldman）的婦女時，他的神情明顯停滯了一下，似乎是在辨認著什麼。

犯罪心理側寫專家調查後發現，戴布拉是一個自甘墮落的癮君子，她在當地流浪，靠賣淫換取生活物資並購買毒品。戴布拉的兒子曾懇求她回歸正常的生活，但她反而向更加墮落的深淵走去，以至於她的家人都不願與她多接觸。癮君子顯然是很好下手的目標，更別提她的活動區域剛好就是伊斯雷爾埋藏凶器的地方。

警方還原了戴布拉遇害的全過程。2009 年 4 月 8 日夜，戴布拉在紐澤西州哈肯薩克市的街道上漫步，伊斯雷爾正待在這座城市，他想要尋找一個合適的獵物。當伊斯雷爾駕車途經一條街道的時候，他注意到了正在街頭遊蕩的戴布拉，這個流浪者看起來應該很容易被控制，他準備將她選為獵殺對象。

戴布拉完全不是伊斯雷爾的對手，她急需要錢，伊斯雷爾輕而易舉地將她誘騙到汽車上，然後驅車離開市區。這輛車的後排座位上，放著的正是即將被他使用的殺人工具。戴布拉吸食了不少毒品，她神智不太

第三章
流竄型連環殺手

清楚，只能隱約感覺到伊斯雷爾一直在開車。大約行進 100 公里以後，伊斯雷爾爆發了，他揮拳猛地將戴布拉擊昏，然後用束線帶將她的雙手綁起來，又對她實施性侵。

伊斯雷爾並沒有急著殺死被害人，他連夜開車，將戴布拉帶到紐約州的塔珀萊克。來到塔珀萊克以後，伊斯雷爾身上的現金已經用光，他準備在這裡實施一次搶劫。塔珀萊克鎮上有一家小銀行，這家銀行周圍空曠，平時很少有業務，但這也正好符合了伊斯雷爾實施搶劫的條件。伊斯雷爾先把戴布拉弄到塔珀萊克附近的樹林中綁起來，然後趕往塔珀萊克，他在當地的這家銀行實施了一次搶劫。

搶到錢財後，伊斯雷爾又回到森林中將戴布拉帶走，並再次對她實施了性侵，隨後用繩子將她勒死。戴布拉的屍體被丟棄在塔珀萊克附近，很可能是在附近的湖中，也可能是在山上的某處樹林裡。對於拋屍地點，伊斯雷爾依然拒絕向警方透露，他只是模糊地向警方傳達了湖邊棄屍的可能性。

犯罪心理側寫專家認為，儘管伊斯雷爾一直試圖掌控整個案件的審訊，但他已經明顯產生焦慮的情緒了，這從他在審訊中一直不停地搓手就能看出。不過他還是很享受這種主導審訊節奏的感覺，也就是說，使他畏懼的可能是法庭審理的環節，他提供模糊資訊其實就是為了延緩被法庭審判的時間。

犯罪心理側寫專家還認為，戴布拉遇害一案雖然沒有讓殺手原形畢露，但從他在實施謀殺計畫的同時還策劃搶劫銀行的行為來看，伊斯雷爾已經開始逐漸失去自制能力了，他在心中十分認可他自創的殺人方法，這種殺人方法在殺手界是獨一無二的。這種強烈的自信心很快就會讓他露出破綻，這也是警方將他抓獲的契機。

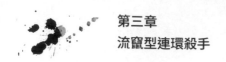
2012 年 2 月 1 日，伊斯雷爾回到阿拉斯加，據犯罪心理側寫專家估算，至此，他至少已經殺害了 7 人。薩曼莎‧凱尼格（Samantha Tessla Koenig）即將成為下一名受害者，她在安克雷治附近的一個小咖啡店內上班，在工作的時候，她通常都到很晚才回家。

伊斯雷爾很了解薩曼莎的生活情況，他事先調查過咖啡店附近的環境，他很清楚什麼時候這個地方的客人最少，什麼時候最適合作案。2 月的阿拉斯加很冷，一場大雪給伊斯雷爾帶來最好的掩護。案發當晚 8 點鐘的時候，伊斯雷爾來到咖啡店的售賣窗口，他隔著窗口點了一杯咖啡，薩曼莎開始忙碌，咖啡店內的監控錄影將接下來發生的一切全部記錄下來。

在薩曼莎沖咖啡的時候，伊斯雷爾正悄悄地打量著周圍的環境，看一看是否有人能夠看到這裡的情況。咖啡很快就沖好了，伊斯雷爾又讓薩曼莎在咖啡里加了一些東西，薩曼莎回頭調製飲品，她並沒有感到任何異常。

調製好咖啡以後，薩曼莎把咖啡遞給站在咖啡店外的伊斯雷爾，然後她側了側身體，靠在身後的咖啡桌上等著收錢。就在這時，她忽然舉著雙手向後急退，但很快，她就又驚恐萬分地對著售賣窗口不動了，顯然伊斯雷爾用手槍威脅了她。

伊斯雷爾告訴薩曼莎他清楚地了解這裡的一切，他讓薩曼莎聽話，否則就會殺死她。伊斯雷爾要求薩曼莎將咖啡店內的電燈關掉，然後讓薩曼莎在售賣窗口下面的小櫃子旁蹲著。伊斯雷爾藉著這個機會再次打量周圍的環境，他要確認沒有其他人待在附近，如果有人在，他就會放棄這次行動。

伊斯雷爾在威脅薩曼莎的時候表現得很平靜，他的這種平靜讓薩曼莎不敢產生其他想法，面對這種冷靜的殺手，薩曼莎只能選擇屈服，對

薩曼莎來講，她只能寄希望於服從殺手的命令，按照他告知的事情去做。犯罪心理側寫專家認為，伊斯雷爾應該早就預測到了現在的這種情況，他知道自己越冷靜，被害人就會越聽話。

在確定周圍沒有其他人以後，伊斯雷爾讓薩曼莎將錢櫃內的所有現金取出來，讓她把這些錢全部放到垃圾袋內，然後讓她坐在咖啡店外面的斜板上，伊斯雷爾又替她披上了他的外套。伊斯雷爾順著售賣窗口爬進了咖啡店內，他似乎沒有注意到裝在咖啡店內的監控攝影機，他開始狂性大發。

伊斯雷爾命令薩曼莎躺在地板上，然後用束線帶將她的雙手綁上，伊斯雷爾仔細地檢查了錢櫃，在將所有的現金全部裝好以後，他拖著薩曼莎從咖啡店的後門走了出去，然後開車離開了。這是伊斯雷爾第一次在家門口作案，之前他從來都沒有犯過這種低級錯誤，而且他還不小心在案發現場遺留了一根印有指紋的束線帶以及薩曼莎的手機，而且咖啡店內的監控錄影也如實地記錄下了他作案的全部過程。

直到伊斯雷爾回到家以後，他才發現了這些問題，他不得不再次將薩曼莎關進汽車後座，他準備帶著薩曼莎返回咖啡店取走罪證。在返回咖啡店的時候，伊斯雷爾為了掩蓋薩曼莎的呼叫聲，還特意將車載音響開到最大，他異常冷靜地回到作案現場，拿走了遺漏在案發現場的證據。

犯罪心理側寫專家認為，18歲的薩曼莎並沒有讓伊斯雷爾產生任何憐憫情緒，即便是他有一個和薩曼莎差不多大的女兒。對伊斯雷爾來說，他只是為了成功完成殺人的目標，並在殺人後順利逃脫懲罰，殺死誰和怎樣殺死都是無關緊要的事情。

取走證物以後，伊斯雷爾原路返回，他又一次將薩曼莎帶回他的房間。第二天，伊斯雷爾讓薩曼莎放輕鬆，他說他只是想要一點贖金，等

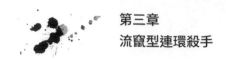
到薩曼莎的家人把錢送來以後，他就會把她放了。伊斯雷爾食言了，他強姦了薩曼莎，然後又用一根繩子將她活活勒死。伊斯雷爾將她的屍體丟在這個小木屋內，他準備上演另一齣好戲。

伊斯雷爾事先就向工作的地方申請了這天以後的假期，他準備消失一段時間，外出旅遊就是他殺人搶劫的另一個目的。伊斯雷爾起初確實想透過薩曼莎的家人獲得一筆贖金，他想要用這筆錢去旅遊，但他清楚地知道薩曼莎的家庭並不富裕，於是他又想了一個辦法。

薩曼莎失蹤以後，當地警方立即展開了調查，他們還發布了懸賞通告，但案子的調查進展十分緩慢。幾個星期過去了，薩曼莎的家人突然收到了一封簡訊，這是一封勒索簡訊，簡訊是透過薩曼莎的手機傳送的，勒索者向薩曼莎的家人索要 3 萬美金，並在簡訊中附上了一張薩曼莎讀報紙的照片。

原來，伊斯雷爾剛剛結束他的旅行，回到家以後，他又想到了一個索要贖金的好主意。由於天氣寒冷，薩曼莎的屍體並沒有遭到損毀，伊斯雷爾把薩曼莎放到椅子上擺正，又在她的手上放了一張報紙，將薩曼莎的屍體偽裝成一副她還活著而且正在看報紙的假象。伊斯雷爾試圖利用這個假象向薩曼莎的家人收取贖金。

薩曼莎的家人沒有這麼多錢，他們向公眾求救，籌集了 3 萬美金，並將這筆錢打到了薩曼莎的銀行帳戶上。薩曼莎的家人並不清楚，薩曼莎其實早在幾週前就已經遇害了。伊斯雷爾的計畫很完美，但他已經在作案的過程中出現失誤，警方早就監控了薩曼莎的銀行帳戶，一旦伊斯雷爾取錢，警方就能確定他所在的大致範圍。

沒過多久，伊斯雷爾在德克薩斯州拉弗金公路上超速行駛，公路巡警立即將他逮捕。巡警在伊斯雷爾的車內找到了被害人薩曼莎被盜用的

提款卡和她的手機，警方立即以涉嫌殺人的罪名將其拘留。

在審訊期間，伊斯雷爾一直試圖掌控局面，他不斷地挑釁警方，向警方提供一些具有迷惑性的線索。犯罪心理側寫專家認為，像伊斯雷爾這種接受過嚴格軍事訓練的人一般都會有記事的習慣，所以警方可以在他的筆記本或電腦中查找線索。

警方馬上調取了伊斯雷爾的電腦資訊，他們果然在電腦中找到了一些線索，這也讓整個審訊的主從關係發生了扭轉。伊斯雷爾似乎想要鬆口，他要求警方將他送到有死刑的州進行審判。審訊在進行了 48 小時後暫時中止，伊斯雷爾被收押，但他再次試圖重新掌控自己的命運，他選擇自殺。

伊斯雷爾用一把偷偷帶進來的銳器劃開了左手靜脈血管，並用監獄中的床單上吊自殺了。伊斯雷爾用死亡重新掌控了自己的命運，再也沒有人可以搞清楚他在 2001 ～ 2012 年間到底殺害了多少人。

犯罪心理側寫專家推測，伊斯雷爾應該在 2001 ～ 2006 年間於阿拉斯加殺害 4 人，被害者身分不詳，在 2009 年於紐澤西州哈肯薩克殺害戴布拉·費爾德曼，在 2011 年於佛蒙特州殺害比爾、洛琳夫婦，在 2012 年於阿拉斯加殺害薩曼莎·凱尼格。

【背景知識】組織型個性和無組織型個性

在調查凶案及對凶案資料進行分類的時候，犯罪心理側寫專家都會將凶手分成組織型個性者和無組織型個性者兩類。所謂組織型個性者有一個最大的共性，就是這類凶手都會有計畫地實施犯罪。組織型個性者所做的案件全部是有預謀的凶案，這些凶案並非以隨機的形式出現。

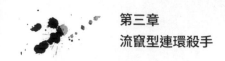

第三章
流竄型連環殺手

　　幻想是組織型個性者作案的源頭，很多組織型個性者都會在有過多年的幻想經歷後才會動手作案，此時作案者的幻想世界中已經形成了被害人的形象範本。組織型個性者的被害人大都是陌生人，這些人之所以會成為被害者，主要是因為他們的某些情況恰好符合了罪犯幻想世界內謀殺對象範本的特徵。

　　由於組織型個性者早在作案前就已經設計好了作案目標和作案方法，所以他們就會很快進入角色，按照幻想世界中計劃好的方法接近被害人，獲取被害人的信任並對他們實施終極操控 —— 掌控被害人的生命。

　　無組織型個性者在作案時是毫無邏輯可言的，他們對被害人的身分以及特徵毫無興趣，他們作案手法大多是即興作案，以至於這類作案者往往會選擇錯誤的目標，被害人在被攻擊後也常常激烈反抗，與作案者進行搏鬥，在作案者的手臂或身上留下傷痕。這類作案者也是非常凶殘的，他們往往會在作案以後肢解被害人的屍體或者將被害人的面目毀壞。

第四章

背包客殺人狂

警方在研究連環殺手的時候，通常都會將殺手的作案手法和「殺人標記」區別對待。因為殺手的殺人手法可以隨著他一次次不斷地行凶變得越來越熟練、縝密，所以連環殺手前後殺人的方法可能會有些不同，但這只能證明凶手在不斷改進殺人方法，整個殺人「套路」還是基本一致的。

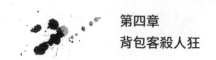

第四章
背包客殺人狂

1991 年 9 月 19 日，兩名健身愛好者在澳洲貝朗吉羅森林公園內跑步，這個大型國家公園距離雪梨市區約兩個小時的車程，是一座純天然的生態園林。突然，兩名晨練者被一陣惡臭熏到了，他們小心翼翼地向著傳來惡臭的方向走去，在那裡，有一個驚天大案即將被世人知曉。

在 1990 年代，澳洲一度成為背包客眼中的天堂。在當時，所有的背包客都以能夠去澳洲進行徒步旅行為榮。為了招待這些從世界各地趕來的背包客，澳洲也興起了許多專門為他們服務的旅店，在這些旅店裡，背包客們會偶遇、結伴或者相互交流、分享徒步旅行的經驗。

1991 年，瓊安·沃特斯（Joanne Walters）和卡洛琳·克拉克（Caroline Clarke）從英國趕到澳洲，她們下榻在雪梨國王十字旅店，瓊安是威爾士人，她性格樂觀開朗，尤其熱愛旅行，卡洛琳也是如此，她們二人一見如故，相約一同背包旅行。

1991 年 4 月 10 日，卡洛琳和瓊安決定去一個鄉村小鎮待兩天，在趕往目的地的路上，瓊安用自己的單人帳篷與一名叫史蒂芬·懷特的背包客換了一頂三人帳篷。史蒂芬曾不小心用刀子在三人帳篷上劃了一個小口，瓊安用膠帶將這個小口黏住了，膠帶上還印著她用電腦列印的地址。

1991 年 4 月 18 日，卡洛琳和瓊安決定乘火車周遊澳洲，她們二人在凱蘇拉站下車，準備搭車前往墨爾本。有目擊證人稱，曾在大洋路上看到過她們，但隨後二人就徹底消失了。她們之後的遭遇是這樣的：

卡洛琳和瓊安在經過大洋路之後搭上了一輛四驅車。這輛四驅車的主人是一名身體強壯且相貌英俊的澳洲籍男子，他的車上播放著澳洲當時最流行的鄉村音樂，他既熱情友善又善於交際，很快就博得了兩名年輕女孩的信任。在交談的過程中，這個男人仔細地詢問了女孩們一些問

題，女孩們的防範意識很低，對這些問題都一一做出了答覆，而這名男子則透過這些問題將女孩們的行蹤和個人情況全部掌握清楚。在把一切都弄懂之後，恐怖的事情就要發生了。

這名自稱比爾的司機突然沉下了臉，繼續駕車向前行駛不久後，他就藉口想要更換音樂磁帶停下了車。雖然兩名女孩都隱隱感到了有些不安，但她們並沒有試圖離開。結果，比爾拿出了一把槍，他用這把槍威脅瓊安，讓她用繩子將卡洛琳的手捆上，然後又親自將瓊安的手捆上。比爾一邊用槍威脅兩名已經被嚇壞的女孩，一邊又謊稱自己的意圖是搶劫，只要她們配合，事後就會將她們放了。在死亡面前，兩名女孩都選擇妥協。

比爾繼續向前開車，在途經柏麗馬鎮的時候，他把車開下了高速公路，沿著波尼路向貝朗吉羅森林公園深處開去。到達森林深處以後，比爾將兩名女孩拖進了灌木叢中，他明確表示了自己要和女孩們親熱的意圖，他替卡洛琳鬆綁，並給她菸抽，卡洛琳一直抽了 6 支菸才稍稍冷靜了一些。在這一過程中，比爾還一直說著安慰她的話，他試圖讓卡洛琳接受他的擺布。

時間一分一秒地過去，比爾要實施他的暴行了，他先讓卡洛琳跪在地上，又取出了一塊頭巾給她戴上，然後拿起槍朝著她的頭連續射擊 6 槍，卡洛琳當場斃命。瓊安嚇得大聲尖叫，比爾丟下槍，用毛巾堵住了瓊安的嘴，然後又回到了卡洛琳身邊，他先把卡洛琳頭的位置調整了一下，然後又開了一槍，再調整一下位置，再放一槍，這種儀式化的動作被他重複了許多次。

這是一場病態的野蠻屠殺，暴徒極端冷酷且鎮定，而他殺人的目的也僅僅是為了取樂，其他的一切罪行都只是附帶的。連續射擊 10 多槍之

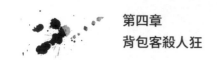

後，這名殘忍的暴徒又在卡洛琳的背部開了一槍。做完這一切以後，他才將瓊安拖向另一邊，瓊安拚命反抗，但也無濟於事。在距離卡洛琳30公尺遠的地方，凶手用匕首狠狠地刺中了瓊安的脊柱，瓊安當場癱瘓。

暴徒割掉了瓊安的內衣褲，然後強暴了她。犯罪心理側寫專家認為，暴徒的這種行為不僅僅是為了滿足性慾，更多的是為了宣洩慾望、凌辱以及滿足他的殘忍、控制欲和虐待傾向。隨後，暴徒又拿起匕首連續不停地刺瓊安的身體，即使瓊安已經死了，他依然不停地刺。

最後，暴徒氣喘吁吁地停了下來，他在兩名被害人的身上覆蓋了一些樹枝，然後就轉身離開了。5個月後，瓊安的屍體被晨練者發現，隨即警方又在不遠處找到了卡洛琳的屍體，案發現場散落了大量的錢幣和首飾，但死者的旅行裝備卻不見了。顯然，這根本不是一起謀財害命的凶案。警方迅速立了案，並開始努力搜集證據。

澳洲著名刑偵專家羅德·彌爾頓博士也趕到了案發現場，他需要盡快對凶手進行心理側寫。雖然時隔多時，但由於凶案現場的位置很偏僻，周圍也少有人跡，所以整個現場的破壞並不算大。羅德博士在仔細勘察後斷定，凶手的殺人動作是十分熟練的，他行凶時果斷幹練，在施暴的時候思維也很縝密，而且凶手十分享受施暴的過程，從某種程度上來講，凶手一定是一個外表柔順、內心殘暴的人。施暴是凶手獲得快感的途徑，他願意折磨被害人，只有在折磨被害人的過程中，凶手才會感到愉悅，這種快感會驅使他繼續作案。

彈道學家卡羅侖·傑頓仔細分析了案發現場找到的子彈彈殼。卡洛琳的頭部一共被擊中10槍，這些子彈來自小口徑自動步槍，這些子彈是分別從左側、右側和後側射進她的頭顱內。透過這些子彈殼，卡羅侖確定凶手在整個殺人過程中，只使用了一把槍，這把槍通常被稱作「羅傑

點 22 口徑自動步槍」。

最關鍵的是，卡羅侖在修復子彈的時候發現這些彈殼上面有一些新月形的劃痕，如果槍支消音器擋板的位置不正或者凶手使用了特製的槍栓，那麼子彈在透過的時候就會留下這種劃痕。儘管這條線索很有特性，但可惜的是，在澳洲境內，這種類型的槍就多達 5 萬支，所以警方並不能藉此迅速破案。

很快又有人在森林公園中找到了一個人類頭骨，經警方確認，死者是 1989 年失蹤的墨爾本本地人戴布拉・艾維斯特（Deborah Everist），死亡時間是 3 年前。警方的調查再一次還原了被害人遇害的過程：詹姆斯・吉普森（James Gibson）和戴布拉是好朋友，1989 年夏，詹姆斯邀請戴布拉前往雪梨旅行，兩人的父母最開始不希望他們背包旅行，但詹姆斯表示只要他們裝成情侶就可以了。

詹姆斯在背包裡裝了攝影機和衣服、筆記本，兩人乘上了火車，下車後，曾有目擊證人證實兩人乘坐了一輛四驅吉普車。犯罪心理側寫專家推測，接下來發生的事情和上一次幾乎完全一樣，凶手先用友善的面孔將詹姆斯和戴布拉騙上車，然後在路上將兩人控制起來，再偷偷帶到森林中。在森林深處，凶手直接用一把匕首刺穿了詹姆斯的脊柱，戴布拉驚恐得大叫起來，她試圖逃跑，但很快就被凶手按倒在地。

暴徒使用某種鈍器砸碎了戴布拉的下頜骨，歹徒脫下戴布拉的緊身褲將她綁了起來，然後強暴了她。之後，歹徒刺了戴布拉很多刀，然後用這把沾滿戴布拉鮮血的匕首刺死了已經失去行動能力的詹姆斯。事後，凶手在死者身上蓋上了一些樹枝，就轉身離開了凶案現場。

第二天，有人在森林旁的小路上撿到了詹姆斯的照相機，但這名男子並沒有想太多。1990 年 3 月，又有人在路邊撿到了詹姆斯的背包，但

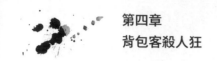

第四章
背包客殺人狂

警方並沒有從森林中找到兩個人的屍體。在此後的 3 年中，戴布拉和詹姆斯失蹤一案也成了懸案。

布魯斯·普賴爾是一名森林工人，他對發生命案的這片森林很熟悉，自從他得知這片森林裡有被害人的屍體以後，他就會利用閒暇的時間前往森林搜尋，戴布拉的頭骨就是他發現的。根據他的發現，警方又找到了詹姆斯和戴布拉的骸骨，但同時也將懷疑的目光轉向了布魯斯。此後，布魯斯花了近小半年的時間才擺脫了警方對他的懷疑。

法醫病理學家皮特·布萊斯特對兩名死者的骸骨做了檢查，確認了被害人是死於他殺。在詹姆斯的脊柱上，皮特發現了一道深深的劃痕，凶手就是透過這一刀損傷詹姆斯的脊髓，使他癱瘓的。警方透過這一細節斷定這兩名受害者和上一起凶殺案是有關聯的，而且被害人絕不僅僅只有 4 名，在這片森林中一定還有其他被害人。

警方雖然成立了專案組，但調查的進展十分緩慢，他們手中所掌握的證據非常少。同年 11 月 1 日，警方找到了第 5 具被害人的屍體，她的死亡時間大約在 21 個月以前。這具屍體是來自德國的 20 歲的年輕女孩西蒙妮·斯可尼爾（Simone Schmidl），她同樣是一個熱愛旅行的背包客。

1990 年 9 月末，西蒙妮背著自己的背包來到澳洲雪梨，她非常有旅行經驗，她的背包和睡袋都是特製的，她還有一個綠色的水瓶，上面寫著她的暱稱「西米」。在雪梨，西蒙妮打了電話給她的父親，她的父親還叮囑她不要搭陌生人的車，並且告訴西蒙妮 1 月她的母親會到達墨爾本。

1 月 22 日，西蒙妮動身去墨爾本，由於當天沒有火車，她必須先乘大巴到達利物浦，然後再轉車去墨爾本。有目擊者證實，曾在利物浦看到過西蒙妮，但一轉眼就不見了。西蒙妮就是在這裡搭上了殺手的車。

顯然是凶手主動提出捎她一程的，西蒙妮則被殺手和善的面孔蒙蔽了，她上了車，接下來發生的事情和上兩起案件幾乎如出一轍。

凶手將西蒙妮帶進森林深處以後，就將匕首刺進了她的脊柱，然後強姦了她。由於凶手這次選中的「獵物」只有一個人，所以他很可能花費了一段較長的時間來玩弄他的「獵物」，最後他連續捅了西蒙妮 4 刀，把她殺害了。凶手用樹枝將西蒙妮的屍體遮掩起來，然後就離開了犯罪現場。

西蒙妮的屍體被發現後，警方加大了搜尋力度，在 11 月 11 日這一天，再次找到了兩具被害人的屍體。這兩名死者分別是蓋博·努季博爾（Gabor Neugebauer）和安嘉·哈其德（Anja Habschied），他們是一對情侶，都喜歡背包旅行。

1991 年耶誕節期間，兩人來到了雪梨，他們在 12 月 26 日出行，二人選擇了「背包客」經常選擇的傳統路線，先去利物浦，然後再去卡蘇拉。在卡蘇拉，兩人遇到了一名外表友善的澳洲本地人，他開著一輛四驅車，並表示願意載他們一程。蓋博很強壯，他和安嘉欣然接受了這名司機的邀請。

接下來發生的事情和前三次完全一樣，凶手將他們控制住，帶進了森林深處。犯罪心理側寫專家認為蓋博之所以沒有做出反抗，很可能是因為凶手用安嘉的安全威脅了他，為了不讓女友受到傷害，蓋博選擇了服從。

到了森林深處以後，蓋博和安嘉也意識到了歹徒的真正意圖，蓋博拚命反抗，試圖給安嘉製造逃跑時間，但他很快就被歹徒用槍托擊昏了，然後歹徒對著他的頭連開 6 槍，蓋博當場死亡。安嘉沒跑多遠就被歹徒抓到，他逼迫安嘉跪在地上，然後拿出一把砍刀將安嘉活活砍死。

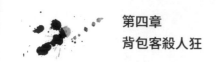

凶手將蓋博的屍體拖到了距離安嘉 55 公尺遠的地方，他用樹枝將屍體遮蓋住，然後離開了案發現場。

在距離蓋博屍體約 60 公尺遠的地方，警方找到了一條帶錢包的皮帶，裡面裝著兩個人的機票和旅行支票，距離屍體 20 公尺遠的地方還放著捆過兩人的繩子，安嘉的牛仔褲被丟棄在 150 公尺之外，那裡還丟著一些瓶子、繩索和子彈盒，子彈盒上還有編碼，而這些線索將最終指引警方找到這個瘋狂的殺人魔。

犯罪心理側寫專家認為，儘管這幾起案件被害人的致死原因各不相同，有的被射殺，有的被砍死，有的則遭到性侵害，但專家在研究這些凶案的時候發現凶手所使用的作案手法是非常相似的，因此，他們斷定雪梨正有一名連環殺手在瘋狂作案。當警方將這個消息公之於眾之後，當地的各大媒體就將這名殺手稱為「背包客殺人狂」（Backpacker Murderer）。

彈道專家傑拉德·達頓在犯罪現場找到了一些新的證據，他發現了兩種彈殼，一種是溫徹斯特彈殼，另一種是艾雷牌彈殼。在對這兩種彈殼和射在樹幹上的彈痕做了一個詳細的分析之後，傑拉德證實了這起謀殺案中凶手所使用的子彈和第一起謀殺案中凶手使用的子彈是同一種，這無疑直接證實了犯罪心理側寫專家的推測。

沒過多久，警方就設置了檢舉熱線。公眾紛紛向警方提供線索，由於線索太多，警方只能將線索輸入到電腦中進行分析檢索。分析結果很快就出來了，警方發現眾人在提供線索的時候經常會提到米拉特一家，這讓警方開始重點關注這一家人。

經過調查發現，米拉特一家人是澳洲雪梨市當地人，但這家人很不合群，他們幾乎不與其他人交往，這家人孤僻獨處，他們對森林十分熟

悉。米拉特一家有兄弟幾個，而且這幾個兄弟還十分熱衷槍械，有幾個還是當地槍械俱樂部的成員。在警方的紀錄中，這幾個兄弟還有過與警察爭吵的紀錄。

警方還接到了一個自稱保羅·米勒的人打來的檢舉電話，這個人在電話裡大肆謾罵、攻擊他的同事，並且自稱他清楚地知道誰是「背包客殺人狂」，他還告訴警方，其實死的人還有很多，只不過警方並不知道罷了。經過調查，警方發現保羅的真實身分其實就是理察·米拉特。

隨後，警方又去當地槍械俱樂部調查持有羅傑自動步槍的人，而理察的兄弟艾利克斯主動走上來搭話，他告訴警察，他曾看到非常可疑的一幕：那天，他正從國家森林公園旁邊經過，突然有兩輛四驅車從他身邊衝了過去，他看著這兩輛車開進了森林，他還看到這兩輛車內各有一名女孩，這兩名女孩都被牢牢捆綁在車內，而且每輛車內都大約有 4 名男子。

犯罪心理側寫專家認為，艾利克斯的話完全就是胡編亂造的假話。他的故事雖然細節清楚，但正是因為有這麼清晰的細節，才顯得他就是在撒謊。艾利克斯想要觀察這麼清楚，那他必須有非常強的觀察力，且不說他是否有這樣的觀察能力，僅僅只看他這番話的含義，就意味著他想將警方的注意力從他們家身上轉移開，而這顯然是一個看似「很聰明」的昏招。犯罪心理側寫專家斷定，真凶就在米拉特兄弟中。

經過新一輪的調查，米拉特一家中的一個男人進入了警方的視線，這個人叫伊凡·米拉特（Ivan Milat），他是艾利克斯的兄弟，從小迷戀槍支，並且在很年幼的時候就開始觸犯法律。1971 年的時候，這個男人曾經綁架過兩名女子，並且強姦其中一人，不過在庭審的時候，因為這兩名女子受到過度驚嚇，她們的精神狀態瀕臨崩潰，並不能在法庭上指控

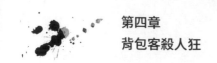
伊凡，所以使伊凡成功逃脫了法律的制裁。此外，警方還發現伊凡有一輛四驅車，這是一條極其重要的線索。

犯罪心理側寫專家斷定這個叫伊凡‧米拉特的人很可能就是「背包客殺人狂」。警方決定沿著蓋博遇害現場發現的彈藥盒上的編碼進行調查，他們先聯絡到了位於維多利亞的子彈生產基地，從那裡得知了可以在雪梨銷售這種子彈的武器商店，並沿著銷售紀錄找到了在雪梨地區銷售這批子彈的商店，從商店那裡，警方確認這批子彈曾賣給了一個叫伊凡的人。

伊凡是當地交通管理局的工作人員，這份工作可以讓他自由前往各地，其中自然也包括這幾起謀殺案的現場。最關鍵的是，警方發現在 7 名被害人遇害的這段時間內，伊凡一直沒有去工作。儘管越來越多的證據指向伊凡，但這些都是間接證據，僅憑藉這些證據是不能逮捕並起訴伊凡的，警方需要更直接的人證或者物證。就在這時，重要的人證主動出現了。

原來，在第一起謀殺案發生後不久，一名叫保羅‧歐尼恩斯（Paul Onions）的英國青年來到雪梨準備進行背包旅行。1990 年 1 月 25 日，保羅決定搭車前往墨爾本，而他所搭的這輛車就是「背包客殺人狂」開的四驅車。和其他幾起謀殺案相同，一開始凶手是非常友善且隨和的，但當他從駕駛途中的閒聊中探知被害人的所有資訊以後，他馬上就要暴起發難了。

不過，這一次凶手遇到了麻煩，當他藉口想要換磁帶而停車的時候，早已察覺異常的保羅也跟著下了車，凶手急忙掏出手槍威脅保羅上車，但保羅瞄準機會逃到了公路上，凶手十分緊張，他不敢在公路上暴露手槍，也不敢開槍，雖然他將保羅撲倒了幾次，但都被保羅掙脫了。

後來，保羅拚命攔下了一輛汽車，順利逃離了凶手的魔掌。

營救保羅的是一名澳洲籍婦女——喬安妮（Joanne Berry）。當時，她開車載著女兒和兒子外出遊玩，在搭上保羅以後，她清楚地看到了那名追趕保羅的歹徒的相貌，那個人還一直將一隻手伸在腋下，當時這名男子顯得有些猶豫不決，這才讓喬安妮順利逃離了險地。

接到保羅的報案之後，警方只將這起案子當成了一起普通的搶劫未遂案來處理，保羅也在辦完手續後立刻返回了英國。三年半的時間過去了，保羅在收看電視節目的時候意外地看到了關於「背包客殺人狂」的報導，他馬上意識到了，當初他遇到的那名歹徒很可能就是「背包客殺人狂」。保羅聯絡了澳洲警方，與此同時，喬安妮也打了電話給警方。

警方馬上就將兩人的證詞連繫到了一起，警方決定將保羅請回澳洲作證，保羅同意了這一請求。庭審之前，警方還向保羅展示了一捲錄影帶，這捲錄影帶中有 13 名帶鬍子男子的照片。伊凡的照片也在其中，保羅連續指認了兩遍，每次指認的都是 4 號嫌犯，而這個人就是伊凡。

接著警方又從艾利克斯・米拉特和瓊・米拉特的家中找到了一個背包，艾利克斯稱這個背包是伊凡送給他的，而這個背包正是西蒙妮的背包，這是警方現在掌握的唯一能夠將伊凡和「背包客殺人狂」連繫在一起的鐵證。1994 年 5 月 22 日，警方決定對米拉特一家的房產進行大規模的搜查。在這次搜查中，警方又相繼搜出了大量槍支彈藥和屬於西蒙妮的綠色水壺，水壺上的簽名被刮掉了，但警方使用紅外線照射水壺的時候依然可以清晰地看到「西米」這個簽名。

警方還找到一個枕頭，這個枕頭原本是屬於保羅的。警方還找到大量露營裝備和一些帶有血跡的拉窗繩，經過 DNA 確認，繩子上的血跡是屬於卡洛琳的。警方還找到了屬於卡洛琳和瓊安的睡袋以及那個被瓊安

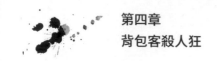

用膠帶黏好的三人帳篷，而且在伊凡家找到的子彈和警方在犯罪現場找到的子彈代碼是完全吻合的。

在伊凡家，警方還找到了一個包裹，包裡放的正是「羅傑點 22 口徑自動步槍」的組件。彈道專家馬上把這把槍拿到實驗室進行實驗，他們發現這把槍的槍栓有些獨特，使用這把槍射出去的子彈都會帶上新月形的刮痕，這與案發現場找到的彈殼是完全吻合的。

1994 年 5 月 31 日，警方以伊凡·米拉特涉嫌殺死 7 名背包客的罪名將他告上了法庭。到了這一步，伊凡的狀態依然顯得十分輕鬆，他根本不在乎自己是否被捕，也不在乎自己已經背上了殺死 7 名普通人的罪名，更不在意其他人會用厭惡的眼光注視他，在他看來，他仍然可以操控一切。

1996 年 5 月 27 日，最終判決結果出來了，法庭判決伊凡·米拉特殺害了 7 名背包客，綁架並試圖殺害保羅·奧尼恩斯，他今後的生命都必須在監獄的鐵窗中度過。在監獄服刑期間，伊凡還曾嘗試越獄，嘗試絕食抗議，甚至吞過刮鬍刀片，後來伊凡被隔離在古爾本監獄內單獨接受看管。

至今，伊凡依然在不停地向法庭申訴，他仍舊拒不認罪。犯罪心理側寫專家認為，伊凡之所以會這樣做，完全是因為他內心中的超強控制欲在發揮作用，他依然堅信自己能夠脫罪，可以將法官和其他人玩弄於股掌之間，對伊凡來說，一旦認罪就意味著他將失去控制他人的砝碼，失去脫罪的機會，而其他人也不會再對他感興趣了。

而且，米拉特一家也堅稱伊凡是無辜的，針對這種情況，犯罪心理側寫專家認為，這主要是人們否定既定事實的本能在發揮作用，家庭成員否定家人犯了法，這從表面上看似乎是象徵著家庭團結，其實不然，他們的這種行為只能讓伊凡錯上加錯，這就是在縱容犯罪。

◇【背景知識】尋找犯罪特徵

　　自從進入 19 世紀以後，警方就意識到他們可以從一些慣犯的犯罪手法中判斷出犯罪者的身分。於是，有經驗的警探便率先開始整理犯罪者經常使用的犯罪方法，並從中找出具有代表性的犯罪手法，用今天的話來講，這種行為就是在尋找犯罪特徵。一般情況下，警方在處理普通案件的時候，可以透過研究犯罪者潛入室內的方法、開鎖的方法、犯罪時所使用的工具以及犯罪時使用的爆破方法來觀察並確定犯罪者的真實身分。

　　一旦涉及命案，警方就可以透過觀察罪犯誘騙被害人的方法、殺死被害人的手法、凶手在案發現場留下的物證、目擊人證的描述以及罪犯所使用的凶器和是否企圖分屍、用何種手法分屍，來研究凶手的行為、性格及犯罪目的。

　　如果是連環凶殺案，凶手在作案的時候一般都會沿用特定的殺人、作案方法，而且凶手所選擇的殺害對象也一定有相似的地方，有些連環殺手在殺人之後還會在案發現場留下獨特的「殺人標記」。

　　警方在研究連環殺手的時候，通常都要將殺手的作案手法和「殺人標記」區別對待。因為殺手的殺人手法可以隨著他一次次不斷地行凶變得越來越熟練、縝密，所以連環殺手前後殺人的方法可能會有些不同，但這只能證明凶手在不斷改進殺人方法，整個殺人「套路」還是基本一致的。

　　連環殺手留下的「殺人標記」在很大程度上只是為了滿足他的個人需求，「殺人標記」與犯罪的本身並不相關，但警方可以透過「殺人標記」來分析凶手的殺人動機。

第五章

死亡三角殺手

從常規意義上來講，大部分連環殺手都是性變態，而這種性變態表現在各個方面。由於這些殺手的性觀念已經扭曲，他們對性的看法與正常人完全不同，所以這些人獲得性快感的手法也各不相同，比如：有的殺手會對著死者手淫來獲得性快感，有的則在「獵殺」過程中獲得，有的則會按時返回作案現場，以回憶殺人細節而獲得性快感。

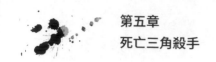

第五章
死亡三角殺手

1987 年 8 月 8 日,法國農民馬賽爾‧蘭特正在阿蘭闊特鎮旁的一條鄉間小路上遛狗,突然,這隻白色的大狗發起狂來,牠直接衝進了小路旁的樹林中,馬賽爾一邊大聲喝止,一邊急急忙忙地跟了過去。衝進密林中之後,馬賽爾發現自家的狗正朝著林中的一塊空地狂吠。馬賽爾走上前大略一看,他就發覺這塊地明顯有翻動的痕跡,他遲疑著用手撥了撥,這一撥竟然撥出了一具被害人的屍體。

馬賽爾登時嚇得魂不附體,他急忙逃出了這片密林,然後撥通了報警電話。警方迅速趕到,他們將被害人的屍體從淺土坑中挖了出來。經過初步檢查,警方發現被害人身上沒有皮夾,沒有現金,也沒有任何可以指明身分的證件。法國警方暴力犯罪科的探長雅克‧布心負責此案的調查。現在,警方已經對這起凶殺案有了一個初步推斷。

警方初步認為,這是一起普通的搶劫殺人案,凶手在樹林中將被害人殺死,然後取走被害人身上的財物,為了掩蓋殺人證據,凶手將被害人的屍體掩埋在淺土坑中。凶手選擇埋人的樹林的另一側就是當地的一條主要高速公路,因此凶手還可能有一輛車,但是這條公路旁的灌木叢很多,所以警方並不能據此分析出更多有用的資訊。

被害人的屍體很快就被送到了法醫工作室。在這裡,法醫將還原被害人被害及死亡後發生的一切。被害人是一個年輕的白人男性,年齡大約在 20 歲上下。被害人屍體右耳後已經腐爛生蛆,這說明他已經被埋了有 4 ~ 5 天的時間。被害人的脖頸處有一道水平的青紫色環狀勒痕,勒痕寬度不足一公分,顯然被害人是被凶手暴力勒殺的,而凶器很可能是一條繩子。

根據法醫提供的初步資料,警方將懷疑的目光放在了一個活躍在法國北部的盜竊集團身上,這個集團經常襲擊在北部地方搭便車的年輕

人。當時，警方手中恰好掌握著與這個集團有關的線索，因此他們向上級申請了搜查令，但突擊搜查的結果顯示，這個盜竊集團和這起凶殺案並沒有關聯。

就在警方努力調查的時候，進一步的屍檢報告出來了。報告顯示，被害人在死亡前並沒有任何掙扎行為，死者的內臟也沒有出現損傷，臉部、頭部也沒有傷痕，只有在雙臂上有一塊大約兩公分大小的奇怪擦傷。被害人怎麼可能在被他人殺害的時候依然不做反抗？法醫初步斷定，這兩處傷痕很可能是凶手捆綁被害人雙臂時留下的擦痕，這也就解釋了被害人為何在面臨死亡的時候不做任何掙扎就被殺害的疑問。

隨即，法醫提供的線索再次引出了一條新的猜測：這起凶殺案很可能並不是一起隨機搶劫殺人案，凶手殺人是有著明顯預謀的，凶手先設法將被害人捆起來，然後在滿足自身欲望之後將被害人勒死。如果是這種情況，那警方就應該盡快確定被害人的真實身分，只有這樣才能找到新的調查線索，盡快將凶案偵破。

在當前的情況下，警方想要確定被害人的身分，唯一可行的方法就是核對牙醫紀錄。法醫專家發現被害人的口腔內缺少一顆牙齒，還有一顆牙齒被劈成了兩半，雖然這兩個特徵都不是凶案所致，但這也讓牙醫紀錄失去了應有的作用。幸運的是，在警方的再次偵查中，他們從案發現場找到了一張名片，透過這張名片，警方終於確定了被害人的身分。

死者是一名 19 歲的愛爾蘭人，他叫特弗雷·奧基弗（Trevor O'Keeffe），當時正在法國北部旅遊。經過調查，警方確定案發前特弗雷是和朋友們一同待在法國波利尼城的。8 月 3 日，特弗雷告訴他的朋友們說他要搭便車去加萊，想要從波利尼城趕到加萊，就必須經過聖昆汀。在這些線索的幫助下，警方馬上展開了新一輪的調查。

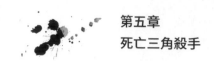

但就在這時，另一起發生在 5 年前的凶案再次進入了警方的視線。當時，一名叫奧利維爾·唐納（Olivier Donner）的被害者，他的屍體被凶手埋藏在馬伊勒康附近的森林中，這處埋藏點距離埋藏特雷弗的地方約有 130 公里。當警方發現奧利維亞的屍體時，他已經死了將近一個月的時間了。死者的屍體腐爛程度很高，他的頭部爬滿了大量蛆蟲，這就意味著，在死者死亡前這個部位上聚集了大量血液，因此警方推斷死者很可能是被凶手勒死或悶死的。

犯罪心理側寫專家認為，這兩起凶殺案之間確實是有關聯的，不論是凶手的殺人套路還是殺人手段都極為相似，而且凶手處理屍體的方法也很雷同，在排除有他人模仿作案的情況以後，這兩起凶殺案極有可能是一個凶手或者一個犯罪集團所為，這也就意味著在法國北部很可能有一名連環殺手正在活動，如果警方不能盡快破案，這名殺手還會繼續實施殺戮，警方再次從樹林中發現屍體，也只是時間問題。

就在警方努力調查的時候，警方在馬蒂尼抓捕了一名瑞士凶手 —— 米歇爾·佩里，他涉嫌綁架、強姦及先後殺害 4 名搭車的年輕人，這幾起案件中有一起就發生在法國南部。因為奧利維爾和奧基弗遇害的地點距離瑞士邊境只有幾百公里，因此法國警方也趕到瑞士參與了此次調查。

在這次調查中，凶手表示他會事先做好殺人的準備，然後再挑選體型、樣貌優秀的年輕人，如果「獵物」是他喜歡的，他就會將這些年輕人騙上車，把他們帶到僻靜的地方，最終玩弄並殺死被害人。在問及這名殺手的殺人動機時，殺手表示他只能這樣做，因為他不想留下線索而被警方抓捕。

儘管看起來米歇爾似乎就是法國警方正在尋找的真凶，但犯罪心理

側寫專家認為，真兇並不是他。專家們發現，米歇爾所犯的那些兇案，死者的屍體幾乎全部都遭到了極其暴力的摧殘，被害人的屍體損毀嚴重，而且有些還被兇手用火焚毀。但法國北部發生的兩起兇案，死者的屍體都保持完整，兇手也沒有用暴力手段損毀被害人的屍體，而且還會將被害人的屍體掩藏在淺土層中，如此強烈的反差，顯然證實了兩個案件並不是同一兇手所為。

法國警方在犯罪心理側寫專家的建議下，開始調查近期失蹤的其他年輕男性。很快，警方就找到了一批被軍隊除名的「逃兵」，警方將這些人稱為「穆爾默隆的失蹤者」。這批失蹤者共有 5 人，他們分別是派翠克・杜波依斯（Patrick Dubois）、瑟奇・哈威特（Serge Havet）、曼紐爾・卡瓦略（Manuel Carvalho）、帕斯卡・薩金特（Pascal Sergent）和派翠克・加切（Patrick Gâche）。這些人都是年輕的軍校訓練生，他們從 1980 年 1 月起失蹤，而且他們失蹤時都曾搭了便車。

這 5 名失蹤者中的 4 名曾在穆爾默隆軍事基地接受訓練，而另一個則在馬伊勒康軍事基地，這些年輕人都在服義務兵役，這也是當時法國法律的要求。對於這些已經失蹤的年輕人，軍隊的態度很惡劣，他們拒絕用失蹤這個詞來稱呼這些已經消失的士兵，在他們眼中，這些義務兵就是「逃兵」。

此外，有一名曾經去過穆爾默隆參觀的年輕人 —— 帕特里斯・鄧尼斯（Patrice Denis）在 1985 年的時候也失蹤了，警方決定將這些失蹤人員放在一起進行調查。與此同時，犯罪心理側寫專家開始透過警方所提供的線索對兇手做犯罪心理側寫。

犯罪心理側寫專家認為，兇手應該是一名軍人，而且他至今仍在服役。在此人的生命旅程中，他可能遭受了很嚴重的挫折，這個挫折可能

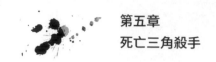

發生在服役時的軍人生涯中，也可能發生在以前的生活中，這些嚴重的負面挫折讓他的內心產生扭曲，並使他有了變態的暴力傾向。凶手的性取向顯然是有問題的，他是一個同性戀，而且凶手性格孤僻，沒有朋友，他孤獨且危險。

對連環殺手來講，幻想是他們作案的動力來源，假設凶手幻想出了一種人，而他們又有機會選擇這種人，那麼這種人就會成為連環殺手的謀殺目標，而法國北部失蹤的這些人顯然符合連環殺手的幻想。

幾乎所有的受害者都是在週四或者週五晚上失蹤，這些人幾乎都是在公路邊失蹤的，而且這些人失蹤的地點總是在蘭斯公路、穆爾默隆公路和麥里·勒·凱姆坡公路這三條公路上。在地圖上，這三條公路剛好構成一個三角形，因此當地媒體就將這片公路稱為「死亡三角」，而製造這一連串凶殺案的連環殺手也被稱為「死亡三角殺手」。對犯罪心理側寫專家來講，這片三角形的區域正是凶手的「獵場」。

犯罪心理側寫專家還認為，在這起連環殺人案中，凶手之所以會選擇兩名不是現役軍人的年輕男子，其原因就是這兩名男子的身形、體貌和其他失蹤者相似，而且兩人遇害的地點也在殺手的「獵場」之中。儘管警方發現的被害人屍體是沒有遭到凶手性侵的，但這並不等同於凶手沒有從殺人行動或「捕獵」行動中獲得性滿足和性發洩。

一般意義上來講，連環殺手獲得性滿足的定義與常人是不同的。像發生在法國北部的這起連環凶殺案，凶手就可以透過被害人的體貌來獲得性滿足，也可以在殺死或者控制被害人的時候獲得性滿足。凶手在殺人或「捕獵」時所獲得的這種滿足感尤為強烈，從某種意義上來說，決定一個人的生死，就是最高級別的控制。

1987 年的冬天，警方終於掌握了新的線索。沿著公路搜尋的法國憲

兵隊在德湖附近發現了奧基弗的背包和一些散落在四周的衣物，警方隨即將調查的重點放在德湖附近的一個小鎮上。很快，他們找到了一名嫌疑人，這個人剛剛經歷了失敗的婚姻，他曾在 8 月去過波利尼城，而且他返回小鎮上的時候襯衫上帶有血跡，他還威脅已經離異的妻子，不要將他的事情告訴警察。

　　警方經過調查，發現這個人沒有當過兵，也沒有任何有關性暴力的紀錄，這顯然是與犯罪心理側寫專家所做的側寫不符，這也就引出了新的猜測：是否是這個人因為婚姻的失敗而絕望憤怒，在這種情況下他偶然遇到了奧基弗，然後暴起發難殺死了他呢？如果這一猜測成立，那麼之前犯罪心理側寫專家所做的所有推測將全部被推翻。

　　不過，警方的這種推測很快就被推翻了。透過 DNA 檢測，分析部門確認了這個人襯衫上的血跡並不是奧基弗的。這讓警方的調查重新進入了停滯期，他們必須尋找新的線索，或者在這個時間內等待新的罪案出現。

　　1988 年 8 月 9 日，一年的時間過去了，警方在這一天終於掌握了新的線索。當天，警長安德烈·內讓同事在梅肯鎮例行巡邏的時候看到了一輛停靠在小路邊樹林旁的可疑露營車，安德烈決定去一探究竟。

　　警車開進小路的一瞬間，那輛停在林邊的露營車馬上就啟動了，它試圖從警車一旁衝出去，安德烈將警車橫置在路中央，把露營車擋住了。在看到露營車司機並沒有做出更過激的行為之後，安德烈和同事下車，他準備查看一下露營車司機的證件。

　　在同事查看露營車司機的證件時，安德烈繞著露營車仔細查看。露營車的車窗內裝有窗簾，窗簾已經拉上，但安德烈還是透過窗簾的縫隙看到了異常情況 —— 車身內好像躺著一個人。一開始，安德烈以為車廂內藏

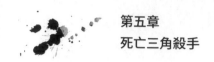

著的是司機的盜竊同夥，他掏出手槍，疾步衝到另一側的車門處，猛地將車門拉開，但他驚詫地發現，車廂內躺著一名被鐵鍊鎖著脖子的年輕人。

安德烈馬上就意識到這件事情很不尋常，他勒令露營車司機將這名年輕人放下車。這名露營車司機雖然顯得很緊張，但他卻謊稱這名年輕人只是一個搭車人，他在車上休息得很好，並不想將他放下車。安德烈讓同事將露營車司機口中所謂的搭車人解救出來，這名露營車司機眼看自己不能阻止事情的發生，只好再次改口稱自己和這個年輕人是在這裡約會，而且他還以軍人的榮譽保證，他和那名年輕人並沒有做其他的事情，只是在這個不恰當的時候被警察發現了。

安德烈做了初步了解之後，得知這名年輕的搭車人叫帕拉茲·法威（Balázs Falvay），是一名匈牙利人。帕拉茲聲稱自己和露營車司機沒有任何關係，他原本只是想要搭便車，但露營車司機卻將他制服了，並且想要殺死他。安德烈並不能判斷出兩個人到底誰在說謊，但他可以將二人帶去警局，在那裡仔細分析後再做論斷。

這名露營車司機的名字叫皮埃爾·查納爾（Pierre Chanal），他是一名法國職業軍人，曾經參加過黎巴嫩戰爭。由於皮埃爾作戰時十分勇敢，總是衝鋒在前，所以法軍軍部還先後授予他 4 枚勳章，最關鍵的是，皮埃爾還曾擔任過穆爾默隆的新生訓練教官，這讓警方馬上就聯想到了近期發生在穆爾默隆的連環殺人案。鑑於皮埃爾的軍人身分，警方在逮捕他以後，就立即和軍方取得了聯絡。

軍方派來專員專門處理此事，在審訊期間，軍方就穆爾默隆失蹤的訓練生一事展開了審訊。皮埃爾對這一審訊十分警惕，他堅稱此事與自己無關，只要整個談話中涉及穆爾默隆，他都會拒絕發言。整個審訊過程都被犯罪心理側寫專家看在眼裡，專家認為皮埃爾表現得十分自信與

戒備，他的言辭閃爍，每當需要解釋的時候他的面部肌肉就會不受控地抽搐起來，而且他在講話時還曾連續不斷地眨動眼睛。皮埃爾的動作告訴專家，他一定是在隱瞞某些實情。

專家認為，皮埃爾很可能就是警方正在找的真凶。警方在和軍方達成統一意見之後，決定暫時關押皮埃爾，並趁機搜查皮埃爾的露營車。屍檢專家使用了近兩天的時間，將露營車內的每一個角落都仔仔細細地搜查了一遍，他們希望能夠找到與凶案有關的線索。警方在車內找到了幾個情趣玩具，許多繩索、鐵鍊、皮帶、帶有泥土的鏟子和 32 條男性內褲。其中一條內褲明顯是屬於英國人的，因為內褲上面有馬克思和史賓賽的標籤，而且這條內褲的尺碼較小，顯然不是皮埃爾所有。

在軍方的允許下，警方又搜查了皮埃爾的營房，營房內的裝飾很簡單，警方在這裡找到了大量疊得整整齊齊的男士內褲以及藏在床下的幾盤黃色錄影帶和一個攝影機。攝影機內保存了一段影片，皮埃爾說這段影片是他在 8 月 3 日去凡爾登時拍攝的，他想用這個錄影帶證明奧基弗遇害時他是不在場的，但警方發現錄影帶中的士兵出場時間應該是 8 月 10 日以後。謊言被揭穿後，皮埃爾又稱奧基弗被殺害的時候他正在楓丹白露基地，但這個說法很快又被警方揭穿。

1989 年 3 月 17 日，正式的審訊即將開始了，警方為此準備了 611 條問題，他們認為這些問題的答案將揭穿皮埃爾的所有謊言。警方的想法很美好，但審訊一開始，皮埃爾就變得十分暴躁，他拒絕回答審訊官提出的任何問題，甚至還在提問中大發雷霆，將審訊桌踢翻在地。皮埃爾的這種行為讓整個審訊變得毫無進展。

犯罪心理側寫專家認為，皮埃爾這樣的人是不能以常規的審訊方式來對待的，從某種程度上來講，這種人更像是一個病人，他們需要的是

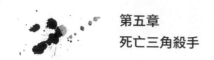
認同、感化和幫助，而不是逼問，逼問不可能產生警方想要得到的效果。由於採用了錯誤的方法，警方安排的這場審訊毫無所獲，並且在法國法律的約束下，他們也失去了再次審訊的機會。

1990 年 10 月 23 日，皮埃爾因為試圖綁架匈牙利少年帕拉茲而被送上法庭，法庭宣判皮埃爾有罪，判處他 10 年監禁。1995 年 6 月 19 日，皮埃爾因為在獄中表現良好而被提前釋放。在這 5 年間，警方依然沒有獲得任何新的線索，儘管在此期間，不斷有被害人家屬指控皮埃爾，但卻沒有任何直接證據能夠證明他就是殺人真凶。

出獄後，皮埃爾還透過新聞媒體，宣稱自己是無辜的。皮埃爾的整套言辭講得滴水不漏，這讓社會輿論開始轉向，很多人開始同情他，有些人甚至將矛頭指向司法系統，而所有曾指控過皮埃爾的被害人家屬也被置於十分不利的位置上。很快，司法部就派遣了新的法官前來處理此案，這名法官將處理凶案的重點放在了 5 年前法醫搜集的證據上。

警方將法醫從露營車內採集到的 600 多根毛髮和大量皮屑送到了 DNA 化驗部。經過專業的 DNA 檢測，工作人員在這些毛髮中共發現了四種 DNA，其中一種是皮埃爾的，而剩下三種則分別屬於被害人加切、鄧尼斯和法威。檢驗專家又化驗了那把鏟子上的泥土，他們發現這把鏟子上的泥土成分和埋葬奧基弗死屍處的泥土成分是完全相同的。

為了順利解決這起凶案，警探瓦里恩特還專門請教了美國聯邦調查局的一名菁英特務吉姆·奈特。吉姆詳細了解了瓦里恩特遇到的問題，他同樣認為皮埃爾就是製造這一連串凶殺案的真凶，而像他這樣的連環殺手一般只會有兩種下場，一種是被警察逮捕，一種是自殺身亡。

2003 年 10 月 14 日，皮埃爾再次被送上法庭，但皮埃爾先是用絕食來表示抗議，他拒絕出庭，長時間的絕食讓他的身體變得很差，他被警

方送進了醫院。在醫院內，皮埃爾偷偷藏了一個刮鬍刀片，他在審訊開始後的第一天晚上，偷偷用刀片劃開了自己大腿上的股動脈。當警方發現異常的時候，皮埃爾早已因失血過多死亡。

雖然皮埃爾的死亡讓發生在法國北部的凶殺案就此終結，但對於被害人的家屬來說，正義並沒有得到伸張，這也是他們難以接受的事情。對於犯罪心理側寫專家來講，他們也錯失了探究凶案原因的最終機會，這同樣使他們感到遺憾。

【背景知識】性變態殺人犯

事實上，連環殺手也並不是只出現在現代社會中，在人類歷史上，原本那些屬於連環殺手的殘忍碎屍行為和殘殺弱勢族群的行為都被愚昧的古代人當成了魔鬼。比如：西方神話中具有強烈性慾的吸血鬼、狼人等等。即便是有些殘忍的殺手被確認是人類時，教會也會以凶手被魔鬼附身為由將罪惡歸結到神話傳說中去。

從常規意義上來講，大部分連環殺手都是性變態，而這種性變態表現在各個方面。由於這些殺手的性觀念已經扭曲，他們對性的看法與正常人完全不同，所以這些人獲得性快感的手法也各不相同，比如：有的殺手會對著死者手淫來獲得性快感，有的則在「獵殺」過程中獲得，有的則會按時返回作案現場，以回憶殺人細節而獲得性快感。

現代科學研究發現，大量令人髮指的凶殺行為，其根本都是凶手超乎尋常的反常欲望所致，在這種強烈的反常欲望的主導下，凶手就會對死者的屍體做出極其殘忍的暴行，一般表現為：分割屍體、姦屍、切碎死者器官、割下死者肢體帶回家留作紀念等行為。

第六章

撲朔迷離的槍擊案

犯罪心理側寫專家在對凶手進行心理側寫的時候是必須藉助凶案現場報告的，如果沒有這份報告，那專家就很難推測出一些有用的或具有前瞻性的線索。一般情況下，警方製作的犯罪現場報告還應該附上屍體的方位、凶手所使用的武器或者現場發現的子彈殼等資訊。如果是室內作案，那麼還應該標明門窗的位置、是否打開以及打開的狀態等資訊。

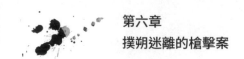

第六章
撲朔迷離的槍擊案

2007 年 8 月 4 日上午 7 點 30 分，在美國維吉尼亞州威廉斯堡發生了一起槍擊案。8 點 30 分左右，一名目擊者向警方報了案。報案者表示一名黑人男性在巴頓大街上遭到槍擊，當時還有一些小孩在案發現場附近玩耍。警方迅速組織警員趕往案發現場，並派遣重案組警官康拉德‧西蒙斯全權負責此案的調查工作。

案發當天上午，康拉德在快 9 點的時候接到通知，並趕往案發現場。此時案發現場已經被警戒線圈了起來。這是一塊街邊空地，空地的兩邊是兩條綠蔭道，整塊空地只有左側有一條進出小路，空地的另一邊是一棟廢棄的樓房，死者的屍體就仰躺在這塊空地中央。看到康拉德趕到，法醫工作組的警員潔西卡‧克萊因走上前匯報了警方現在所掌握的線索。

凶手顯然是用手槍擊中死者的後腦，子彈從死者的左耳後側射進大腦，導致被害人當場死亡，因此屍體周圍沒有任何血跡，也沒有掙扎的痕跡，最重要的是，死者的錢包依舊待在他的口袋裡，這也就意味著這起槍擊案並不是一起普通的謀財害命案。警方在死者的身邊發現了一些被打開的毒品包裝袋，包裝袋上還帶有點點血跡，但死者並沒有使用過毒品。

死者的周圍沒有一枚彈殼，但在案發現場旁邊的林蔭道上卻分別散落著一些彈殼，這些彈殼均為 9 毫米魯格手槍的專用子彈，案發現場一共發現了 19 枚彈殼，警方又在隨後的幾次搜查中找到了 60 多枚彈殼，但警方並不能確定這些彈殼都和此案有關。警方從死者的皮夾中找到了死者的身分證明，他的名字叫休‧希克森（Hugh Hickson），是一名 21 歲的在校學生。休在社區裡有一個「胖老爹」的外號，而且他還是該社區裡的一個毒品交易者。

警方隨即又調查了其他目擊者，有人稱當時他們剛剛參加完一名朋友的生日宴會，從酒吧中走出來，休和一些人去了空地那裡。透過這些線索，警方大致有了一個推測：當時，死者剛參加完朋友的生日宴會，他就和一夥人在空地上進行了毒品交易，但交易的過程中可能產生了某種矛盾，所以他被另一方殺害了。警方用 3D 掃描器將整個案發現場的細節全部掃描、記錄下來，他們認為這些細節可能會對破案有所幫助。

　　另一名重案組的警探克洛維爾為康拉德提供了一些資訊，他表示自己手中有一起槍殺案與康拉德正在調查的這起很相似，只不過那起槍殺案中的被害人並沒有死亡，但他很害怕，不敢向警方檢舉射擊他的凶手。警方雖然已經找到了槍擊他的人，但因為被害人不願報案而不能將其抓獲。

　　這名槍擊者的名字叫比利·福瓊（Billy Raheem Fortune），他和他的弟弟都是毒品交易者。在上一起槍擊案中，比利的弟弟也曾出現在案發現場，他還曾和被槍擊的人談過話。康拉德認為比利確實有作案嫌疑，但他們現在還有一條更重要的線索急需處理。

　　有人向警方檢舉稱，一名叫「金鬍子」的毒品交易者很可能就是殺害休的人。警方經過調查發現，「金鬍子」是這個社區毒品交易場所的頭頭，他管理著這片社區內所有的毒品交易。如果死者真的在「金鬍子」的地盤上進行毒品交易，而這件事情又被「金鬍子」察覺到，於情於理，被害人的死和「金鬍子」就有了很大的關係。警方決定將「金鬍子」當作下一步調查的目標。

　　但犯罪心理側寫專家認為，警方能夠在不到一天的時間內就找到凶案的重大嫌疑人，除了凶手作案經驗不夠老道之外，很可能指向這個人的嫌疑都是假象，被害人的死可能與「金鬍子」有關，但凶手未必就是

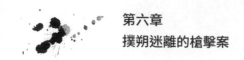
他。從某種角度來看，比利的嫌疑似乎要小於「金鬍子」，但在犯罪心理側寫專家的眼中，他才更像是此案的真凶。

警方發動了大量警力查找與「金鬍子」有關的資訊。很快，康拉德就得知，「金鬍子」曾在案發當天去過他女朋友那裡，並在那裡休息過一晚，還洗了澡，換了衣服。警方馬上申請了搜查令，他們在「金鬍子」女朋友家裡搜到了一些毒品和他在案發當天所穿的衣物，這些毒品和案發現場找到的那些毒品完全一樣，但警方並沒有找到作案凶器 —— 一把9毫米口徑的魯格手槍。

在犯罪心理側寫專家的建議下，警方於案發後的第二天上午8點鐘就趕到了法醫中心取屍檢報告。法醫學家迪波拉·克伊向警方詳細地講解了屍檢結果。透過 X 光片可以清楚地看到射進死者大腦內部的那顆子彈，子彈從死者的左腦後方射入，能夠從這個方位射擊死者，很可能就意味著凶手是站在死者身後近距離進行射擊的，而殘留在死者傷口處的火藥粉末也證實了這種推斷。死者傷口附近的部分火藥粉末燃燒充分，有些則沒有燃燒，這就意味著凶手應該是在距離死者 1.2 公尺以內的範圍開槍，只有這樣的距離才會出現火藥不能充分燃燒的結果。

子彈射穿死者的頭蓋骨之後，先撞進了小腦，然後又在小腦內向左側回彈了一段距離，這樣的腦創傷讓被害人當場死亡。由於受創的是小腦，而小腦主要負責人體的平衡，是管理人方向感的重要器官，因此死者可能中槍後就直接倒地，沒有做出其他多餘的掙扎或移動動作。這種近距離的槍擊讓警方排除了意外射擊致死的猜測，顯然被害人是被凶手預謀殺死的。

此時，其他警員已經找到了「金鬍子」的行蹤，警方以涉嫌走私毒品為由將他帶到了警局。在審訊中，「金鬍子」表示案發當天他只是從巴

頓大街經過，當時他聽到了一聲槍響，一個人急匆匆地上了車，隨後他又看到有人躺在了街邊的空地上，附近有人出門查看，他就讓那個人報了警。

　　警方並不相信「金鬍子」所敘述的案發經過，他們決定讓他測謊。警方準備了兩個問題，第一個是「你有沒有殺害『胖老爹』？」第二個是「你知不知道殺死『胖老爹』的人是誰？或者他的綽號是什麼？」警方一開始以為測謊結果能夠給他們帶來驚喜，但測試的結果僅僅能證明「金鬍子」在回答第二個問題的時候沒有講實話，這樣的結果讓警方十分懊惱。

　　就在這個時候，警方又收到了新的線報，有目擊者稱殺害休的人是一個叫比利的人。得到這個消息以後，警方決定繼續對「金鬍子」施壓，他們利用新的線報將「金鬍子」逼到角落裡，試圖讓他不得不回答休的死是否與比利有關，「金鬍子」雖然承認比利是他的手下，但他堅持表示自己什麼也不知道，也沒有看到比利殺害休。

　　犯罪心理側寫專家認為，利用手段將知情者逼進不得不回答問題的死角是警方慣用的刑訊手段，這種手段暴力直接，很多時候都能夠產生意想不到的效果，為了迅速破案，使用這種手段也成了警方的慣例。但是事實上，在面對一些亡命之徒或者心志堅定的人時，警方的這種手法是很難取得效果的，與其繼續與「金鬍子」較量，不如去調查其他的目擊者。

　　根據警方提供的三維鳥瞰圖，犯罪心理側寫專家預測休遇害時應該有許多人都在犯罪現場，這些人正在進行毒品交易，「金鬍子」和比利、休待在一起，「金鬍子」應該是站在休的面前與他談話，而比利則站在休的身後左側，在休毫無警惕心的情況下，比利掏槍射殺了休。由於案發

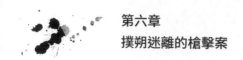

現場進行交易的都是毒品販子或者癮君子，這些人是不可能主動與警方交流或坦白的，但相對於「金鬍子」和比利而言，從這些人身上下手更容易得到新的線索。

很快，警方就在犯罪心理側寫專家的建議下展開了新一輪的調查。槍擊案發生後的第三天，警方向社區內的每一名住戶都分發了傳單，他們還開通了免費的熱線，警方希望社區內的每一名知情人都能夠參與到此案的偵破中，匿名提供對警方有用的線索。由於涉及此案的兩名嫌疑人（「金鬍子」和比利）都與毒品交易有關，所以警方又申請到了搜查比利女友家的搜查令。

搜查行動很快就展開了，但比利女友家早就人去樓空了，警方用撞門器撞開了房門，不過他們並沒有在這間房子裡發現任何有用的線索。看起來，比利的女友早就得到了消息，她很可能已經將重要證物轉移走或者銷毀掉了，這讓整個案件的調查進展一下子變得緩慢起來。

休遇害的第六天下午，警方在社區內做的工作終於得到了回報，一名目擊證人向警方提供了最新、也是最重要的線索。這名目擊證人稱，案發當天，她親眼看到休和「金鬍子」、比利以及另外一個人走進了那塊空地，然後她就聽到了一聲槍響，最終只有除了休以外的那三個人從那片空地中走了出來。

犯罪心理側寫專家對這條線索進行了解讀，顯然，休是被這三個人預謀殺死的，當時休可能是想出手一些毒品，而「金鬍子」和比利則是介紹人，另一名不知姓名的陌生人則是買家，在進行交易的時候，休被比利射殺。犯罪心理側寫專家認為，一般情況下，買家是不會冒著殺人的風險去奪取毒品的，如果出現這種情況，很可能這名買家的毒癮非常大，那麼他就會繼續去那個毒品交易區，警方也就可以在那裡抓到他。

當天晚上，緝毒小組就在案發現場抓到了那名買家，但他表示案發當天他和休只是在一起進行交易，當時在場的也只有他和休以及「金鬍子」三個人，他雖然聽到了槍響，但並沒有看到開槍射擊的人，所以這名買家表示凶手可能是藏起來開的槍。雖然警方認為這名買家沒有講實話，但他們還是重新查看了三維掃描圖，然後在圖上查找了可能隱藏凶手的地方——一處灌木叢。

　　犯罪心理側寫專家認為，只靠這些推測是站不住腳的，專家建議警方去武器專家那裡確認一下凶手所使用的凶器。武器專家分別在 1.5 公尺、1 公尺、0.3 公尺這三個距離處進行射擊實驗，然後將射擊結果與死者傷口處的痕跡作比較，發現在 0.3 公尺處進行射擊所得到的結果與死者傷口處留下的痕跡是相吻合的，這也就意味著凶手應該是在休左側 0.3 公尺處開槍射殺他的，顯然那名買家告訴警方的一定是謊話。

　　案發 8 天後，上午 10 點鐘，警方順利將比利逮捕，但在接下來的審訊中，比利表示他在案發當天並沒有與「金鬍子」待在一起，而且他表示自己親眼看見了休被射殺的那一幕，他還留意到凶手是一個身材高瘦且有著棕色皮膚的黑人男子。面對這種口供不一卻又各自堅持、死不認帳的情況，警方只好再次向犯罪心理側寫專家求助。

　　犯罪心理側寫專家向警方出了一個主意，讓警方找到一組符合比利描述的「殺手」照片，但這組照片中的人必須有案發時不在場的證明，然後讓警方將這組照片拿給比利指認，如果比利指認照片中的某個人就是殺手，那就表示他在說謊，他的殺人嫌疑也就最大。

　　警方按照犯罪心理側寫專家的建議找到了 6 個還在蹲監獄的人的照片，然後將這組照片拿給比利指認，比利確實指認了這組照片中的一個，這也就意味著他之前所講的都是謊話。犯罪心理側寫專家又根據警

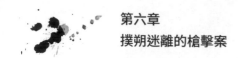

方掌握的最新線索，在 3D 掃描器上還原了槍擊案發生的全過程。

案發當天早上，買家和休先走到空地上進行毒品交易，「金鬍子」就跟在兩人身後四五公尺遠的地方，因為他所站的位置距離休比較遠，所以並不是他開的槍，交易就要結束的時候，凶手比利從左側走向休，然後近身開槍，射殺了他。

在整個作案過程中，休是完全不知情的，而買家因為位置關係將一切都看在眼中，因此只要買家指認凶手，那此案就可以結案了。警方馬上對買家展開了新一輪的審訊，在這次審訊中，買家屈服了，他向警方指認了槍擊案的真凶，開槍的人就是比利。

【背景知識】勘查犯罪現場

在偵破案件的過程中，警方最需要掌握的線索包括兩大方面：一方面是透過屍檢掌握一些重要線索；二是透過勘查凶案現場來獲得重要線索。勘查犯罪現場，不僅僅是要將凶手在作案現場上遺留下來的每一份罪證都掌握，還要結合目擊證人的證詞、從不同角度拍攝的凶案現場照片以及現場上遺留下來的重要物證等資訊相互印證，最終製成初級凶案現場報告。

犯罪心理側寫專家在對凶手進行心理側寫的時候是必須藉助凶案現場報告的，如果沒有這份報告，那專家就很難推測出一些有用的或具有前瞻性的線索。一般情況下，警方製作的犯罪現場報告還應該附上屍體的方位、凶手所使用的武器或者現場發現的子彈殼等資訊。如果是室內作案，那麼還應該標明門窗的位置、是否打開以及打開的狀態等資訊。

整個犯罪現場的報告越詳細，對凶案的偵破就越有幫助，比如：報告上應有凶案現場噴濺出來的血跡形態、子彈飛行的彈道或可能發生的搏鬥痕跡等資訊。如果是露天的凶案現場，那還應該標明現場所出現的全部足跡、輪胎印記和重要的地理特徵（比如人行道、可供進出凶案現場的道路等）等資訊。

第七章

「壞種」殺手

犯罪心理學專家發現，幾乎所有的連環殺手都有在作案後返回案發現場的癖好。連環殺手在將被害人殺死之後，再次返回凶案現場的目的是為了從凶案現場中獲得進行殺戮時的快感，這種以旁觀者的心態來重新回憶、重現作案時的殺戮場景的做法，會讓連環殺手的內心中產生一種「隔岸觀火」般的竊喜，也正是這種不可名狀的感覺迫使真凶重新回到凶案現場。

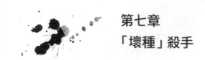

第七章
「壞種」殺手

1999 年 4 月 22 日下午 3 點 40 分左右，9 歲的琪拉·斯坦哈特（Keyra Steinhardt）放學回家。琪拉是一個非常有愛心的小女孩，她喜歡唱歌，熱愛自己的家庭。琪拉一笑起來臉上就會出現兩個小酒窩，她幼小的身體裡似乎充滿著其他孩子都沒有的熱情和活潑。母親生下了第二個孩子以後，琪拉就開始主動幫助母親做家事，她全心全意地照看著她的弟弟。

10 天前，琪拉的家人認為她已經長大了，決定讓她在放學後獨自回家。琪拉要走 30 分鐘才能到家，在這 10 天裡，琪拉還發現了一條近路。這一天，琪拉決定抄近路回家。走這條近路就需要穿過北漢普頓洛克公路旁一處雜草叢生的荒地。琪拉快步走進荒地中，但她並不知道自己身後正尾隨著一名身體強壯的陌生男人。

琪拉之所以敢走這條小路，原因就是在這處荒地的對面聳立著幾棟兩層的公寓，這些居民樓的視野極佳，每棟樓的陽臺都是朝著荒地的，住戶們只需坐在陽臺上就可以清楚地看到整塊荒地內的情景。琪拉每次從這裡走的時候，都會事先看一看公寓的陽臺上是否有人在，如果有，她才會選擇走這條路。

早在琪拉走進這塊荒地的時候，坐在陽臺上的一對夫婦就看到了她，而且他們也看到了跟在琪拉身後的那名男子。這對夫婦每天下午都會在陽臺上晒太陽，他們最開始以為那名強壯的男人是琪拉的家長，但接下來發生的一幕讓他們馬上就意識到了事情的嚴重性。

尾隨琪拉的那名男子突然加速走到琪拉的身後，他在琪拉還沒有反應過來之前，用力揮動手臂，重重地擊打在琪拉的後腦上，琪拉連慘呼都沒來得及發出就直接摔倒在地，那名男子也隨即俯身在地，荒地上的一切都被雜亂的草叢遮掩起來。

看到這一幕，坐在陽臺上的婦人吃了一驚，她以為自己剛剛看到的是幻覺，趕緊站起身來呼喚丈夫，想要確認一下荒地內到底發生了什麼事。婦人的丈夫也站起身來朝著荒地看了兩眼，他表示自己並沒有看到任何異常情況，但他還是遵從婦人的意願，決定下樓去看看。

　　這名住戶下樓後並沒有走遠，他朝著事發地點走了幾步，然後遠遠地瞄了一眼，就回過頭朝著婦人攤了攤手，表示自己是沒有看到異常的。過了一會兒，坐在陽臺上的婦人再次看到那名穿著白襯衫的男子從草地中站了起來，他的下身只穿了一條短褲。婦人還清楚地看到這名男子的手臂上紋了非常凶惡的圖案，這名男子站起身後朝著地上看了看，然後就轉身離開了。

　　幾分鐘後，這名男子又開著一輛紅色的轎車趕回原地，他脫掉身上的白襯衫，將琪拉包在裡面，然後將她裝進了後車廂，直接驅車大搖大擺地離開了。大約過了 40 分鐘左右，這對夫婦才向警方報了案。

　　接到報警以後，當地警方迅速趕到了案發現場，他們發現這名綁匪似乎沒有清理作案現場的意識，案發現場遺留了大量證物，這些證物包括凶手留下的腳印和汽車輪胎印。當地媒體迅速報導了有關琪拉被綁架一案的經過，當地住戶也十分踴躍地向警方提供線索。

　　其中有一名監獄看守向警方提供了一條重要線索，他表示他認識的一個人很像警方正在找的綁匪。這個人叫萊納德・弗雷澤（Leonard Fraser），他曾經因為性犯罪而坐了近 20 年的牢，而且他就有一輛紅色轎車。警方迅速調取了關於萊納德的檔案，他們發現這個人是一個慣犯，他曾先後犯下了盜竊、偷車、武裝搶劫、猥褻以及性質極其惡劣的強姦等罪行，這也使他在新南威爾斯和北昆士蘭的監獄中服過刑。

　　犯罪心理側寫專家對這起案件十分感興趣，他們認為凶手作案的手

法十分老練，但他又沒有絲毫清理凶案現場的意圖，而且像他這種老練的罪犯也不可能會蠢到選擇這種視野開闊的地方作案，於是，專家決定從萊納德的人生經歷開始調查。

萊納德出生在北昆士蘭的英厄姆鎮，弗雷澤一家共有 5 個孩子，萊納德排行第四，他的母親是一名典型的家庭主婦，而他的父親是一位機械師，也是一名二戰老兵。萊納德的父親經常外出，他在家的時間很少，甚至幾乎都不在家。

萊納德的性格非常暴躁，他的母親根本管不住他，而且他也不喜歡讀書，這讓他的成績十分差，學校的老師則經常用「低能兒」來評價他。萊納德還有語言障礙，這種障礙很難被矯正，這也讓他無法得到其他同學的友誼。14 歲的時候，萊納德退學，他的父母讓他自己找工作。

這一年，萊納德來到了新南威爾斯工作，15 歲的時候他因偷竊被送到高斯福少年管教所接受改造，在這裡萊納德的人生出現了轉折。在這家少年管教所內，萊納德曾被年紀比他大的獄友強姦，而他則去強姦比他更幼小的獄友。

犯罪心理側寫專家認為，在這裡，萊納德變態的占有欲被激發了，他會設法得到他想要占有的一切，而這種占有欲則以性的形式獲得滿足。儘管萊納德的年紀很小，但這一年的監禁經歷讓他對性的理解產生了偏差，性也成了他占有別人的唯一方式，這為他後面所犯下的罪行埋下了伏筆。

出獄不久後，萊納德因為攻擊鐵路管理人員而被判入獄兩年，隨後他因為各種犯罪而被關進監獄。1972 年，萊納德搬到了雪梨英皇十字區居住，他在這當上了性服務者。從此以後，萊納德又先後染上了吸毒和

酗酒的惡習。不到一年的時間，萊納德就因為參與武裝搶劫而再次被警方關進監獄。

　　兩年後，萊納德被假釋出獄，出獄不到三週的時間，萊納德就故態復萌，他對多名女性實施了性攻擊，但他不小心將自己的錢包遺失在了作案現場，因此又在極短的時間內被警方關進了監獄。在隨後的調查中，萊納德承認自己曾經強姦過一名來這裡旅遊的法國女遊客，他的強姦行為十分殘暴，從而使那名女遊客終身不能懷孕。

　　法官判處萊納德有罪，並讓他服 21 年的有期徒刑。但在服刑期間，一名精神病專家診斷萊納德患有一種精神病，這種精神病當時沒有治癒的辦法，依照澳洲的法律，這種病人只需服最低刑期即可。1981 年，被關了 7 年的萊納德再次獲釋。

　　出獄後，萊納德搬到了麥凱居住。一年後，萊納德遇到了一名想要出售汽車的女性，他假裝自己對那輛汽車感興趣，然後強姦了這名女性。這是個駭人聽聞的罪行，但萊納德只被處以兩個月的監禁，隨後又被放了出來。犯罪心理側寫專家認為，連續不斷地逃脫法律制裁，就會逐漸消磨掉一個人對法律應有的畏懼，這也會讓他很輕易地就會去觸犯法律。

　　再次獲釋後，萊納德遇到了一名叫霍爾的女性，他愛上了霍爾，霍爾對他也有好感，兩人很快就確立了戀愛關係。萊納德找到了人生中第一份全職工作，他和霍爾居住在一間公寓內，對於習慣了顛沛流離的萊納德來說，這種穩定的生活環境是他原本難以想像的。

　　犯罪心理側寫專家認為，這可能是萊納德人生中唯一可以拯救自己的機會，他很可能在品味到愛情的感覺後將自己的行為改正過來，這是他獲得救贖的唯一機會。但事實證明，萊納德的惡習積蓄已久，這種溫

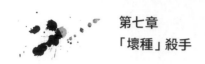
暖的家庭環境只能暫時讓他安穩幾年罷了。

在接下來的 3 年中，萊納德的生活顯得很平靜，霍爾替他生了一個女兒，再加上霍爾之前生的一個兒子，一家四口安樂地生活著。萊納德也承擔起了一名父親需要承擔的責任。1985 年，犯罪心理側寫專家最擔心的事情發生了，萊納德在麥凱北部的大堡礁對一名正在海灘上散步的 21 歲女孩實施了強姦。

萊納德竟然在光天化日之下做出如此惡行，這讓警方十分憤怒，他們迅速將其逮捕，法官判處他需要服刑 12 年。在這次宣判的時候，法官將萊納德形容成了一個無惡不作且極易危害社會的壞種，隨後監獄中的其他犯人和社會上的媒體都用「壞種」（The Bad Seed）來稱呼他。當時澳洲的法律對性犯罪的懲處力度還很弱，因此萊納德在服滿了刑期後再次獲得釋放。

刑滿釋放後，萊納德搬到了一處沿海小鎮居住。1997 年 1 月，萊納德認識了一名叫瑪麗的女人，這個女人得了癌症，她只有一年的生命了。萊納德表示他會去醫院看望她，在醫院的禮拜堂內，萊納德將瑪麗鎖在屋子內，並對她實施了強姦。不久，瑪麗就去世了。

萊納德又搬到了洛坎普頓附近的摩根山居住，他一到這個小鎮，就被當地的治安官重點關注。萊納德經常會跟蹤一些身體有殘疾的女人，他會找到合適的機會對這些女人實施強姦。有一次，萊納德在一名年輕女孩的飲料裡下了藥，就在他將這名年輕女孩拖走的時候，當地的治安官將他趕出了小鎮。

1998 年末，萊納德搬到了洛坎普頓，他在這遇到了克莉絲汀·雷特，由於這個女人的智商有些問題，所以萊納德選擇和她同居。在這裡定居不久，萊納德就綁架了琪拉。警方立即採取行動，他們在萊納德的

家裡找到了他。當時，萊納德的氣焰很囂張，他表示自己和失蹤的女孩沒有任何關係，但警方並不相信他的話，再加上手中有著確鑿的證據，當地警方直接將他帶回了警局。

在審訊中，萊納德百般狡辯，他甚至編造出了一個虛擬人物，撒謊說他將自己的汽車借給了一名叫斯奎因的人，他試圖用這種拙劣的謊言來干擾警方的調查，但克莉絲汀卻告訴警方，案發當天下午 4 點 30 分左右，萊納德帶著她經過卡拉漢賽道附近的一個橄欖球場，他將汽車開上一條土路，然後從後車廂內抱出了一個「大洋娃娃」。警方又詢問了一些關於「大洋娃娃」的資訊，克莉絲汀一一做了回覆。透過這些描述，警方確認克莉絲汀的描述中這個身穿校服、有著金色頭髮的「大洋娃娃」就是琪拉。

警方出動了大量警力搜索卡拉漢賽道及附近的區域，他們希望能夠找到琪拉，但這次搜查並沒有得到任何結果。一周的時間過去了，警方只好請求犯罪心理側寫專家對萊納德進行審訊，在這次審訊中，專家注意到萊納德坐在座位上一直不停地搖晃自己的身體，這種動作意味著他想要開口了。當天晚上，萊納德說出了掩藏琪拉屍體的具體位置。

原來，萊納德之前故意在克莉絲汀面前裝出處理屍體的樣子，他知道這個智商低下的女人不會幫他保守祕密，她也不知道什麼叫做祕密。萊納德藉助克莉絲汀成功地迷惑了警方，以至於警方不能及時找到琪拉的屍體。

犯罪心理側寫專家認為，萊納德的這種行為還有另外一層意思，他應該很清楚地知道殘留在被害人屍體上的 DNA 證據會在一段時間內失效（精液中的 DNA 會隨著自然因素消散，時間大約為兩個星期），他之所以開口講出屍體的位置，是因為他覺得死者身上的 DNA 資料已經失效

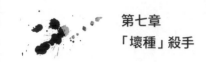
了，這樣他被判處的罪行就可能會輕很多。

5月6日，警方找到了琪拉的屍體，她裸著身體趴在地上，校服就疊放在胸前，她的喉嚨被萊納德殘忍地割開了，這就是她死亡的原因。媒體很快就將這件事公之於眾，萊納德的殘忍再次被呈現在世人面前。

5月7日，警方就以謀殺罪、綁架兒童罪、強姦罪以及侮辱屍體罪等罪行將萊納德告上了法庭。警方還在萊納德的後車廂內發現了許多根屬於琪拉的頭髮以及一把帶有琪拉血液的尖刀，這些物證多達340份。但萊納德依然否認所有指控，他表示自己沒有強姦琪拉，甚至沒有脫過她的衣服。

犯罪心理側寫專家認為，像萊納德這樣不斷作案的殘忍凶手，這起凶殺案顯然不像是第一起。因為這起凶案現場留下的物證太多，萊納德原本就是一個有著豐富作案經驗的慣犯，在此之前警方也沒有發現他殺過人，通常他只會強姦受害者，但這起強姦案突然就變成了凶殺案，顯然有些不合邏輯，而且這種在案發現場留下大量證據的行為無疑也證明了他內心中是十分蔑視警方的，他不認為這些證據能夠將他關進監獄。這種情況也只會在某些連環殺手連續作案且自信心高度膨脹後才會出現。

犯罪心理側寫專家認為，警方應該查看一下這片區域內是否還有其他女性失蹤，如果有，那這些失蹤女性很可能就和萊納德有關。不久後，警方果然又找到了4名失蹤女性，這4人分別是娜塔莎·萊安（Natasha Ryan）、茱莉·特納（Julie Turner）、貝芙麗·萊歌（Beverley Leggo）和西爾維婭·貝尼迪特（Sylvia Benedetti）。

娜塔莎是在1998年9月失蹤的，由於娜塔莎經常做出離家出走的舉動，所以一開始家人們並沒有特別注意，但以前娜塔莎出走後，警方都

能夠找到她的確切位置,而她在 9 月的那次出走後就徹底失蹤了,她失蹤時只有 14 歲。

茱莉是 1998 年 12 月 27 日至 28 日凌晨期間失蹤的。據說 27 日晚她正在一家酒吧內喝酒,凌晨時分,醉醺醺的茱莉離開了酒吧,她還告訴朋友,她決定要步行回家,因為她身上沒有一分錢了。但就在離開酒吧之後,茱莉就徹底失蹤了。

貝芙麗是摩根山的居民,萊納德之前在摩根山的住處與貝芙麗的家很近,他們兩個人在那時就已經認識。1999 年 3 月 1 日,目擊證人最後一次在洛坎普頓昆士蘭銀行外看到了她,隨後她就徹底失蹤了。1999 年 4 月 18 日,西爾維婭最後一次出現在人們的視線中,當時她就在洛坎普頓一家購物中心外,目擊證人稱他曾經看到西爾維婭身邊還有一名男子,而那名男子就是萊納德。

經過仔細的檢查,警方在萊納德的汽車內找到了西爾維婭的血液樣本,他們還將西爾維婭的照片拿給克莉絲汀看,克莉絲汀表示這個人是萊納德的朋友。1999 年 4 月 25 日,洛坎普頓的清潔工在清理一家廢棄飯店時有了讓人震驚的發現。在這間飯店裡的 13 號房間內,他們發現地板、牆壁以及天花板上有著大量血跡。

警方經過 DNA 檢測,發現案發現場的 DNA 與西爾維婭的 DNA 完全匹配。警方還在房間內發現了一些面部骨骼碎片,這些碎片的表面還附著一些肌肉組織,房間內還有一些散落的牙齒。最讓人感到驚心的其實是屋內的血跡,這些血跡迸濺到三四公尺高的屋頂上,是何等凶殘暴力的手段才能導致這樣的結果?

就在警方仔細搜集證據的時候,萊納德在監獄中遇到了之前的獄友阿蘭‧奎因(Alan Quinn),在和阿蘭的談話中,萊納德表示他會以自己

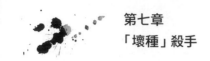
心智不健全為由向法院提出申訴，以減輕自己的罪行，而且他還在談話中表示他知道其他幾個女人的遭遇，但卻不肯承認這些女人的遭遇與自己有關。

阿蘭在電視上看到過有關萊納德的報導，並且對被害人的家屬深表同情，他決定戴罪立功，向警方透露萊納德告訴他的「祕密」。阿蘭主動聯絡了一名叫歐基菲的警探，他告訴警探萊納德正在向他傾訴心聲，警探馬上讓他將萊納德所講的話全部記下來，這些筆記將會為警方的偵破工作提供很大的助力。

警方根據掌握的線索大致整理出了西爾維婭遇害的全過程。1999 年 4 月 18 日，星期日，晚上 7 點 30 分，萊納德謊稱自己有一盎司重的大麻，他以此為誘餌將西爾維婭誘騙進這座早已廢棄的飯店內。萊納德謊稱這裡就是他藏毒品的地方，西爾維婭在大麻的誘惑下跟隨萊納德來到了飯店二樓的 13 號房間內。但在這裡，萊納德表示想要毒品就必須與他親熱，並試圖強行親吻西爾維婭，西爾維婭用力打了萊納德一嘴巴，萊納德瞬間暴怒起來。

萊納德反手將西爾維婭抽倒在地，他隨手拿起 13 號房內的一根鐵棒，用力擊打西爾維婭的頭部，西爾維婭的一些牙齒被打掉了。在這次報復性的襲擊中，萊納德曾連續多次棒擊西爾維婭的頭骨，西爾維婭的血液濺射到周圍的牆壁和屋頂的天花板上。西爾維婭早已死亡，她的屍體一動不動地躺在地上。萊納德將她的褲子脫了下來，然後強暴她的屍體。

做完這一切之後，萊納德用毛巾將西爾維婭不停流血的頭包了起來，然後拖到了旁邊的房間內。萊納德又重新拿了一塊毛巾擦拭濺射到牆壁上的血跡，他還將西爾維婭的衣物丟進酒店內廢棄的冰櫃中，並在

冰櫃內裝滿水，他試圖用這種方法銷毀所有證據。萊納德將西爾維婭的屍體拖到樓下，這又在樓道上留下了一條長長的血跡拖痕。

西爾維婭遭受的苦難還沒有結束，萊納德又將她不斷流血的頭部擺在了一處排水口上，他想讓西爾維婭的血液自然流乾，他這樣做是為了將被害人的屍體帶走。但他在將死者的屍體放進後車廂時，西爾維婭的頭碰到了車廂蓋，在這留下了一處鐵證。警方還在案發現場發現了一張捲菸紙，這張紙上面殘留著西爾維婭的血液，這意味著，萊納德曾在殺死西爾維婭後，又在案發現場上抽了一會兒菸。

警方隨即對萊納德進行了有關西爾維婭一案的審訊，萊納德意識到阿蘭背叛了他，他對阿蘭大加指責，並表示要與他斷交。2000 年 9 月，萊納德殺害琪拉一案在布里斯班法院公開審理。法官認為萊納德有罪，判處他終身監禁，並不得假釋。再次被關進監獄以後，萊納德似乎原諒了阿蘭，他再次與阿蘭交談，並主動向他透露一些殺人細節。

阿蘭表示他將會替萊納德著書立傳，因此每當萊納德向他講述的時候，阿蘭會使用錄音筆錄音，並將萊納德所講的內容記錄在筆記本上。萊納德的傾訴欲望似乎空前高漲，他還提供了一些埋藏被害人屍體的地圖給阿蘭。犯罪心理側寫專家認為，萊納德之所有如此強烈的傾訴欲望，與他得知了自己被判處終身監禁有著很大的關係，他想透過這樣的方法繼續吸引他人的注意，所以他在明知道阿蘭是警方眼線的情況下，依然願意與他交談，並向他吐露作案細節，他這樣做就是為了讓阿蘭向警方透露資訊，警方必定會對這些資訊感興趣，這樣他就可以再一次將主動權都掌控在手中了。

犯罪心理側寫專家還斷定，萊納德提供給阿蘭的線索很可能摻假，但也有部分是真的。萊納德的這種行為果然再次引起了警方對他的注

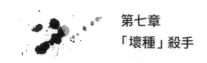
意，在阿蘭提供的資訊中，警方又一次獲得了萊納德殺害茱莉以及貝芙麗時的細節。

萊納德在茱莉獨自從酒吧中出來後就尾隨了她，他在一條四周無人的空曠小路上突然襲擊了茱莉，在這場突然襲擊中沒有發生任何交談，萊納德揮舞手臂將茱莉擊倒在地，隨後他狠狠地打死了她。貝芙麗遇害時應該是在萊納德的車上，她搭了他的便車，在車子行駛期間，萊納德將手放在了貝芙麗的腿上，貝芙麗將他的手狠狠地甩了下去，萊納德勃然大怒，他反手一拳擊打在貝芙麗的嘴巴上，將貝芙麗打得滿口是血，然後他將貝芙麗殺死了。

2000 年 12 月 21 日，萊納德·弗雷澤同意了警方的請求，他願意先從監獄中出來，協助警方做一些調查。其實，警方主要是想利用這個機會讓萊納德指認一些埋藏被害人屍體的藏屍地點和他殺死被害人的作案現場。

在萊納德的「幫助」下，警方找到了他埋藏茱莉·特納、貝芙麗·萊歌、西爾維婭·貝尼迪特的地點，這些被害人的屍體上都沒有穿衣服，茱莉·特納的頭還被割了下來。犯罪心理側寫專家認為，萊納德曾在殺死茱莉之後又一次重返藏屍地點，他再次強姦了茱莉的屍體，並且將她的頭顱割了下來，以滿足他的占有欲。

在監獄中，萊納德還詳細地向阿蘭講述了他殺害娜塔莎·萊安的細節，並且他還替阿蘭標注了十分詳細的藏屍地點，由於萊納德的描述非常詳盡，殺人口供也被阿蘭錄了下來，再加上娜塔莎失蹤前，有協力廠商目擊證人能夠證實萊納德和娜塔莎待在一起。所以儘管警方沒有找到娜塔莎的屍體，但他們依然決定向法庭起訴萊納德殺害了娜塔莎·萊安。

在這次審訊中，萊納德認為精神不正常這個理由已經不能幫他脫罪，於是他又重新想了一個辦法。萊納德在庭審的時候表示自己患有解離性人格，在他的體內還住著一位叫司奎奇的人，這個人才是殺害那些女人的凶手，是他強迫萊納德殺人並處理屍體，又是他「借」萊納德的口承認了警方所指控的罪行，並幫助警方找到埋藏被害人屍體的地點。

　　警方根本就不理會萊納德的這種小伎倆，他們反而藉助萊納德的說法獲得了大量新證據。比如：警方透過萊納德的口供明確地知道了犯罪現場的位置，並且根據萊納德的口供找到了被害人的胸罩和衣物，萊納德甚至還描繪出了被害人遇害時所穿的衣物及她們所佩戴的飾品。儘管萊納德一直強調這些事都是司奎奇幹的，但這些細節只有凶手才會知道。

　　2003 年 4 月，警方又以萊納德・弗雷澤殺害了娜塔莎・萊安、茱莉・特納、西爾維婭・貝尼迪特和貝芙麗・萊歌等人的罪名將萊納德告上法庭，警方原以為鐵證如山，此案不會再有其他波折，萊納德終將受到法律和正義的制裁，但就在這次最終審理即將開始的時候，意外再次發生了。

　　萊納德依然堅持為自己辯護，他表示自己沒有殺死茱莉・特納、西爾維婭・貝尼迪特和貝芙麗・萊歌這三名被害人，但他承認自己殺害了14 歲的娜塔莎・萊安，原因是娜塔莎懷上了他的孩子。他還在法庭上當眾講出了丟棄娜塔莎屍體的地點，但警方並沒有找到娜塔莎的屍體。

　　審判進行到第 9 天的時候，警方突然收到消息，娜塔莎・萊安還活著。這個警方認為已經被萊納德殺害的女孩在消失了足足 5 年的時間後又一次出現了。娜塔莎的父母認領了她，而她還將自己的故事賣給了媒

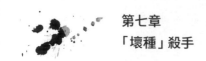

第七章
「壞種」殺手

體，她在法庭上作證，自己從來都不認識萊納德。娜塔莎表示她當時只是因為一場與老師的爭執而離家出走，隨後的 5 年中，她一直住在男友家中。

娜塔莎的證詞讓警方提交到法庭的一些證據當場失效，而且法庭還很有可能會選擇相信萊納德的發言，這讓警方不得不停下來仔細考慮是否要撤銷對萊納德·弗雷澤的指控。犯罪心理側寫專家認為，警方現在應該撤銷關於娜塔莎的指控，然後堅持將剩下的三起謀殺案控訴到底，這樣還是有足夠的證據可以將萊納德·弗雷澤定罪的。警方接受了犯罪心理側寫專家的建議，他們決定將這場官司打到底。

2003 年 4 月 15 日，法庭恢復審理，在這次審理中，阿蘭所提供的供詞及錄有萊納德殺人細節的錄音將成為審理中最關鍵的證據。萊納德可能察覺到自己難逃法網，他在最後一次聽證會上，穿上了他平日裡只會在節日中穿的白色襯衫、褲子和鞋子，他還試圖在審判進行中假裝心臟病復發。犯罪心理側寫專家認為，萊納德的這些行為的目的就是讓審理人員對他產生同情，以求可以減輕即將降臨到他身上的刑罰。

2003 年 5 月 9 日，陪審團判定萊納德·弗雷澤有罪，法官採納了警方有關萊納德預謀殺害了西爾維婭和貝芙麗的所有指控，但法庭認為萊納德殺害茱莉一案應該定性為一般殺人罪，陪審團判斷萊納德當時並非有意要殺害茱莉。法庭最終宣判萊納德·弗雷澤需服 3 個無期徒刑並終身不得保釋。2007 年新年過後的第一天，萊納德在監獄中因心臟病發作死亡，但他的死並不能讓世人感到任何喜悅，對那些被害人的家屬來講，尤為如此。

【背景知識】重回凶案現場

　　犯罪心理學專家發現，幾乎所有的連環殺手都有在作案後返回案發現場的癖好。連環殺手在將被害人殺死之後，再次返回凶案現場的目的是為了從凶案現場中獲得進行殺戮時的快感，這種以旁觀者的心態來重新回憶、重現作案時的殺戮場景的做法，會讓連環殺手的內心中產生一種「隔岸觀火」般的竊喜，也正是這種不可名狀的感覺迫使真凶重新回到凶案現場。

　　從某種程度上來講，在凶案發生後，如果警方可以敏銳地察覺到連環殺手的這種反常行為，那他們就能透過監視凶案現場來成功找到重大嫌疑人或者直接將真凶抓獲。但由於連環殺手的行為不僅特異，而且這些人的警覺性也特別高，很多凶案發生很久後，警方才找到被害人的屍體或者發現了案發現場，所以欠缺處理連環凶案經驗的警探是很難透過這個細節將連環殺手抓獲的。

第八章

誘殺兒童的食人魔

犯罪心理側寫專家在研究罪案的時候，是很樂意傾聽犯罪嫌疑人的聲音的。罪犯還會在說話的時候經常忽略一些不被他看好或者選擇的行為，他們的口頭語以及書面用語都能給犯罪心理側寫專家提供大量潛在資訊。這些語言資訊甚至能夠幫助警方確定罪犯的種族、年齡、性別、職業、受教育程度、宗教信仰及社會背景。

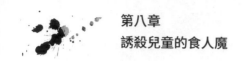

第八章
誘殺兒童的食人魔

　　黑夜慢慢籠罩了印度首都新德里市，但這座城市的繁華風光才剛剛開始，大街上川流不息的行人和悠閒「散步」的神牛構成了一幅生動熱鬧的印度城市風光。2005 年的某天夜裡，新德里市的天氣非常涼爽，不時還會吹過一股股清涼的微風，這股涼風將整個白天都「窩」在家裡的居民「引」了出來，人們紛紛走上街頭，準備趁著這份難得的涼爽趕到集市上逛街購物。

　　沒有人察覺到有一個男人正悄悄地隱藏在街角的陰影中，他正鬼鬼祟祟地打量著過往的行人，人們行色匆匆，似乎沒有察覺到這個人正用一些甜點、太妃糖或巧克力來哄騙一個未經世事的小女孩。即便是有人看到了這一幕，只要他不是這名孩子的親生父母，他就不會去管這種在印度司空見慣的誘拐兒童事件。

　　誰也沒有想到，這個名叫蘇林德‧庫里（Surinder Koli）的誘拐犯，其實是一個瘋狂且變態的殺人惡魔，他在短短兩年的時間內先後誘騙、殺害了 19 名兒童，而且這名連環殺手還是一個不折不扣的食人魔，他的作案過程極其殘忍，但這種殘忍的惡行卻持續了兩年之久。是什麼讓這名印度犯罪史上最變態的連環殺手屢次作案？他又是在怎樣的動機驅使下不斷殺害無辜的幼童？讓他變成一個食人惡魔的真正原因又有哪些？

　　犯罪心理側寫專家仔細研究了整個連環凶殺案的全部過程，他們試圖從印度警方提供的隻言片語中找出上述問題的準確答案。2005 年，新德里市的貧民區內先後走失了兩名女孩，孩子的父母努力尋找走失的孩子，但沒有人知道這兩個孩子到底去了哪裡。這片貧民區最初是個名叫尼薩里的貧民村莊，後來被改建成了新德里市郊區。

　　生活在這片區域的居民大都是印度種姓制度中最底層的「賤民」，他們為了維持生計，不得不拚命做工，但不幸還是降臨到這些人的身上。

拉爾一家就居住在這片區域，他們家經營了一個十分簡陋的洗衣作坊，這間作坊主要為這片區域內日漸成長的中產階級人士漂洗、熨燙衣物。

拉荷娜·拉爾（Rachna Lal）作為家中長女，很早就開始幫著父母打理生意，她每天都要將洗衣店裡洗好、熨燙妥貼的衣物挨家挨戶地送到顧客手中。一天下午，拉荷娜按照慣例出門配送衣物，但她出門後就再也沒有回家。拉荷娜的父母非常著急，他們四處尋找，並向警方報了案，但印度警方並不在意這種有關走失的案子，負責處理案件的警察甚至連筆錄都沒有做，警方也沒有派出任何一名警員參與此案的調查。

在當時，印度有很多誘拐女童的人販子，他們會把誘拐到的女孩賣給妓院。拉荷娜的父母很擔心拉荷娜遇到了人販子，但犯罪心理側寫專家清楚地知道，拉荷娜應該已經遇害了。殺害拉荷娜的就是蘇林德，他原本出生在印度偏遠山區內的一個小鄉村，幾乎沒怎麼上過學，幼年時期就跟著屠夫當了學徒，他也是在那個時候學會如何剔骨和扒皮的，而這些屠宰動物的手段即將被他用到他所殺害的幼童身上。

犯罪心理側寫專家認為，導致蘇林德食人的原因可能與他的生活經歷有關。蘇林德從小在農村長大，他的生活安穩且固定，當他來到城市，突然經歷了一次過度劇烈的環境變遷，但他卻不能參與其中，這件事情給他的固有觀念帶來了異常強烈的衝擊。他的性取向開始出現了問題，他開始對同齡女性不感興趣，無法與女性發生正常的性關係，這也是他從 2005 年後每月都要殺死一名孩子的主要誘因。

新舊兩個完全不同的世界塑造了蘇林德，新印度和舊印度、城市和農村的差異使他的心理徹底扭曲。蘇林德突然從一個沒有網路和電視的偏遠農村來到繁華、喧囂的大都市，他根本不能適應。這是兩種完全不同的生活，人們不同的價值觀和行為方式，不同的期望和欲望讓蘇林德

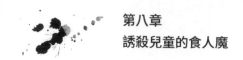
漸漸迷失了自我。蘇林德試圖在新的世界中找到自我,這讓他走上了一條只屬於他的罪惡之路。

蘇林德的社會階層也對他產生了很大的影響,在印度種姓制度中,他屬於賤民,這種人是不能從事任何高貴職業的,他們只能做最低賤的,沒有人願意去做的工作。蘇林德顯然想要擺脫這種桎梏,他想要在新的城市內繼續向前,想要得到公平、認同與關注,但大部分連環殺手注定是很平凡、普通的。

犯罪心理側寫專家發現,蘇林德在幼年的時候就已經表現出了一些不好的苗頭。蘇林德學習不好,他幾乎沒怎麼上過學,性格內向、孤僻,喜歡獨處,幾乎不參加任何社交活動,不與同齡人玩耍,不親近自己的父母,貧困的鄉村生活也讓他很難從父母那裡得到關愛,但這些生活上的不如意還不足以讓他變成一個食人惡魔。

蘇林德 13 歲的時候就搭乘火車前往 450 公里以外的新德里討生活,這裡也是迫使他走向精神變態的地方。在城市內,蘇林德找到了一份工作,他當一名富商的全職保母,負責做飯、整理房屋,做一些其他零碎的工作。這個叫莫寧德·辛格·潘德爾(Moninder Singh Pandher)的富有商人經常出國打理生意,所以,在很多時候,蘇林德就成了這棟豪宅表面上的「主人」。

每當莫寧德在家的時候,他都會在家裡舉行派對,他讓蘇林德見識到了一個被網路和派對包圍起來的「新世界」。莫寧德的派對可不僅僅是一些普通的家庭派對,他還經常在家中招待客人,他會將舞女或女招待帶到家裡一同參加派對。有些時候,他為了讓客人滿意,這些派對就會變成淫亂的性愛派對,莫寧德在舉行派對的時候從來都不避諱蘇林德,但也不允許蘇林德參與。

犯罪心理側寫專家認為，事實上，莫寧德才是蘇林德真正意義上的「心靈導師」，可能就連他自己也沒有注意到，他的行為給從鄉下來到城市的蘇林德帶來了非常強烈的精神衝擊，這些負面衝擊使蘇林德正在形成的人生觀發生了扭曲。蘇林德開始歡迎妓女進入莫寧德的豪宅，而此時，新德里兒童失蹤一案也拉開了恐怖的序幕。

　　印度警方並不想調查任何與貧民區有關的案子，他們堅信走失女童這樣的戲碼每天都會在這種低級的地方反覆上演，丟孩子，尤其是女孩子，是印度司空見慣的事情，也是沒有必要進行調查的事情。蘇林德居住的 D5 豪宅距離這片貧民區只有一條街道的距離，住在這裡的人們都知道蘇林德不經常出門，他總是貓在豪宅的門口打量著這個真實又虛幻的世界。

　　拉荷娜失蹤後，拉荷娜的父親南德·拉爾（Nand Lal）挨家挨戶地詢問，他曾在 D5 豪宅門口見到了蘇林德，並向他詢問了有關拉荷娜失蹤的事情。蘇林德當時表現得非常正常，他告訴南德，他會留意拉荷娜的，如果他見到拉荷娜，一定會第一時間告訴拉爾，隨後蘇林德就轉移了話題。南德的尋找一直持續了 1 年 7 個月，在此期間，警方沒有安排過任何一次搜查，也沒有調查過任何與女童失蹤有關的案件。

　　貧民區不斷有女孩失蹤這件事根本影響不到 D5 豪宅所在的這片區域，莫寧德繼續著他奢侈淫亂的生活，而蘇林德則繼續充當一名旁觀者，一名偷窺者。犯罪心理側寫專家認為，D5 豪宅內發生的事情完全超出蘇林德的想像，這個年輕人正處在透過接觸周圍環境來了解新世界的階段，所以發生在他身邊的性刺激給他帶來了非常大的負面影響。

　　莫寧德每隔一段時間就會出國打理生意，在此期間，蘇林德就成了 D5 豪宅的實際掌控者。一個出身低微且心理扭曲的鄉村少年突然拿到了

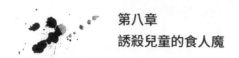

一棟豪宅的管理權，他又將在這裡做些什麼呢？在誘拐、謀殺、性侵及食屍的過程中，蘇林德克服了性無能，他在鄉村老家結了婚，並生育了兩個孩子，每隔一段時間他都會回家待上一陣子，在那裡過上普通又正常的生活。

犯罪心理側寫專家認為，蘇林德頻繁往返兩個不同社會的原因是，他想要透過實際接觸、參與來分辨自己到底屬於哪裡，每當他從一個「世界」觀察另一個「世界」的時候，他都會覺得自己像是一個陌生人，陌生的生活方式和陌生的事物充斥在他的身邊，但他最終還是會選擇回歸城市，而他也將在這裡不斷殺戮，直到事情敗露為止。

截至 2006 年 5 月，貧民區失蹤孩童的人數已經達到了 10 人，這些孩子都是在拉荷娜消失的那條街上失蹤的，但即便有如此明顯的跡象，印度警方也沒有做出任何舉動，他們沒有立案，沒有調查走訪，沒有向社會發出警報，甚至根本沒有關心這件事情。

接下來，事情出現了戲劇性的轉折，一名受害女孩哥哥的朋友是一名記者，這位哥哥央求記者朋友將貧民區連續走失兒童的事情登到報刊上，希望以此逼迫警方介入此案的調查。當貧民區女童接連走失一事被報紙刊登以後，警方果然介入了調查，但參與調查的警察再次讓生活在貧民區內的居民失望了，警察總是會找一些近乎白痴的理由來搪塞受害者的家屬。比如：即便這些走失女童的年齡才 10 歲出頭，警方卻將她們的走失定性為與他人私奔。

截至 2006 年年末的時候，貧民區失蹤的孩童數目已經達到了 18 人，而該案件的調查行動卻毫無進展，貧民區的居民們幾近絕望。就在 2005 年至 2006 年間，貧民區及附近幾個街區的下水管道出現了不同程度的爆裂，整片區域的排水系統幾近癱瘓，D5 豪宅也剛好處在這片區域內，這

些爆裂的排水管道開始向世人展示殺人真凶那令人髮指的惡行。

2006年即將結束的時候,最後一名被害女孩帕雅兒(Payal)失蹤了,有目擊證人證實她在失蹤前曾去過D5豪宅,警方終於做了調查,他們來到這棟豪宅,詢問了有關帕雅兒的事情。當時,莫寧德和蘇林德都在家,但兩個人都表示自己沒有見過帕雅兒。

第二天,氣溫陡升,居住在D5豪宅附近的居民發現這棟房屋後面的某個地方散發著一股十分難聞的惡臭,起初人們以為是某個小動物死在了下水管道附近,但清理者卻有了讓人恐懼的發現。下水管道裂口處發現的不是什麼動物屍體,而是一些慘白的人骨以及一些已經腐爛的人體器官。

警方趕到後,又在附近發現了許多完整的兒童骨架,蘇林德‧庫里和莫寧德‧潘德爾馬上被警方逮捕了。在兩人被捕的同時,當地發生了一場暴動。19名孩子失蹤遇害,警方卻一直沒有做任何事情,他們害怕警方會將蘇林德和莫寧德無罪釋放,因為這些遇害的孩子都是「賤民」。最後,這起案子不得不移交到印度中央調查局進行調查,蘇林德和莫寧德都被拘留審訊。

在審訊的初期,警方幾乎一致認定蘇林德的老闆莫寧德才是整個連環殺人案的主謀,因為蘇林德只是一個從大山裡走出來的鄉村少年,這樣的少年應該更加單純,他只可能在莫寧德的指揮或逼迫下參與殺人。

因為印度當時非法器官交易行為非常猖獗,所以警方認為是莫寧德有預謀地指揮蘇林德誘拐並殘殺兒童,然後將這些孩童體內的器官賣給「黑診所」,以此來牟取暴利。很快,這種論斷就被推翻了,因為警方曾在下水管道附近打撈出許多被遺棄的兒童器官。隨即,警方又開始懷疑兩名嫌疑人的作案動機可能與進行兒童色情活動有關。

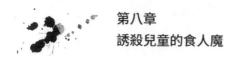

審訊的結果並不理想，兩名重大嫌疑人都拒不認罪，警方需要從手中僅有的線索推斷出這些凶案到底是一個人做的還是兩個人所為？凶手的作案動機又是什麼？凶手是否對被害人實施了性侵？性侵是發生在被害人遇害前還是遇害後？

精神病專家也參與了此案的調查，他們測試了兩名嫌疑人的精神狀況，測試結束後，精神病專家認為蘇林德最壞的情況下也只可能是一個協同作案者，他不可能在短短的兩年間從一個單純少年變成一個殺人惡魔，莫寧德才像是這起連環凶殺案的主謀。

但是，進一步的調查結果顯示，莫寧德似乎是清白的，有好幾起兒童失蹤遇害案發生時，他都在國外，電話紀錄清楚地顯示了莫寧德的位置，這也就意味著蘇林德才應該是製造這一系列殺人案的元凶，這種結果讓所有人瞠目結舌，印度司法系統甚至不願意接受這種觀點。

隨即，犯罪心理側寫專家和法醫病理學家都介入了此案的調查，印度司法系統還允許犯罪心理側寫專家在審訊蘇林德的時候對他使用鬆弛劑。在鬆弛劑的作用下，蘇林德很快就坦白了，他不但坦白了他的所有謀殺罪行，而且還詳細地講述了他在處理屍體時所使用的手法。

當然，僅憑藉蘇林德的供詞是不足以將他定罪的，警方需要更多證據。法醫病理學家在 D5 豪宅的一層浴室內發現了大量血跡，這間浴室是蘇林德用來處理屍體的屋子。蘇林德會用甜點和一些美味的瓜果食物將被害人誘騙到豪宅內，等到孩子隨著他進入豪宅以後，他就會用女孩頭上佩戴的絲巾將被害人勒死，然後再對她們的屍體進行性侵。

每當蘇林德殺害兒童以後，他都會先將兒童的屍體搬到頂樓的一個空房間存放起來，等到豪宅內沒有其他人的時候再將被害人搬到一層浴室內處理掉。他將被害人的屍體分割成小塊，將死者的器官裝在不同的

塑膠袋內，等到夜深人靜的時候再將這些罪證丟到附近的下水管道裡。

　　這些受害者幾乎全都是女孩，但也有 4 名男孩被他殺害了，蘇林德表示他在挑選獵物的時候並沒有分辨出這 4 個小孩的性別，所以在殺死他們以後，他並沒有對他們實施性侵，只是將 4 個孩子的心臟吃掉了。此外，他還會因為性侵失敗而遷怒於已經遇害的女孩屍體，他會將這些女孩的胸脯和手臂吃掉。

　　蘇林德向警方坦白以後，馬上就又恢復了他在農村時的樣子，禮貌、安靜又樂於助人。蘇林德還同意接受記者的採訪，他說話時輕聲細語，略微顯得有些沉默，但他總是喜歡用一些簡短的詞語來回答記者的提問，這讓記者很難相信他就是那個殺死 19 個孩子並吃掉他們屍體的惡魔。

　　在回答為何要吃掉孩子們屍體這個問題的時候，蘇林德平靜地表示自己只是有這樣的需求而已，他想吃，所以就吃了。記者將有關蘇林德的報導公開以後，馬上就在社會上引起軒然大波，人們都不能理解這個表面正常又普通的年輕男子為何會做出這種殘忍又變態的恐怖行為。

　　蘇林德沉穩平靜的陳述，證實了他在作案時是可以清晰分辨對錯的，他有認知周圍世界的能力，他沒有精神疾病，他必須為他所做的事情負責，儘管他看起來像是一個精神變態的瘋子，也像是患有解離性身分疾患。法庭認為蘇林德‧庫里有罪，警方起訴的 19 項謀殺罪以及一系列性侵罪、侮辱屍體罪以及食屍罪等罪行全部成立，他將被處以死刑。

　　蘇林德對法庭宣判的罪行表示認罪，但他並沒有停止上訴行為。2015 年，印度司法系統認為，蘇林德在監獄中待的時間已經很久了，對他的判決可以從輕發落，他可以不被處死，他的判決也被改為終身監禁。經過多年纏訟，至 2023 年 10 月 16 日，高等法院最終以證據不足為由將蘇林德和莫寧德無罪釋放。

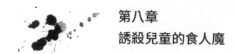

第八章
誘殺兒童的食人魔

犯罪心理側寫專家認為,貧民窟幼童食人魔事件指出了印度國家內部巨大的文化、經濟以及社會地位間的差異等問題,這些差異使蘇林德的人格發生了化學反應,他或許生來就有特殊的偏好,但最終的變化還是因為他受到了他的老闆潛移默化的影響,在特定的社會環境中,犯下了這些人神共憤的殘忍凶案。

◇【背景知識】犯罪心理之語言學

對犯罪心理側寫專家而言,研究人與人之間的語言交流是一件非常重要的事情。在現實生活中,人們在孩童時代開始學習語言,人們所處的地理位置及文化習俗會形成一種具有當地風味的特殊語言規律或者特定的語言結構。透過分析、判斷這些語言的特殊之處,就能從中找到更深層次的含義。比如:人們通常可以透過一個人的口音分辨出他大致是哪裡人,也可以透過他對同一事物的不同稱謂判斷出他的主要生活區域是哪裡。

犯罪嫌疑人的語言特性同樣具備以上含義。所以,犯罪心理側寫專家在研究罪案的時候,是很樂意傾聽犯罪嫌疑人的聲音的。罪犯還會在說話的時候經常忽略一些不被他看好或者選擇的行為,他們的口頭語以及書面用語都能給犯罪心理側寫專家提供大量潛在資訊。這些語言資訊甚至能夠幫助警方確定罪犯的種族、年齡、性別、職業、受教育程度、宗教信仰及社會背景。

比如:在美國賓夕法尼亞州,常住在費城的居民在點碳酸飲品的時候通常會用「來一杯蘇打」這個詞,但是住在匹茲堡的人在點碳酸飲料的時候通常會直接用「飲料」這個詞。犯罪心理側寫專家正是透過這些細微的語言差異來分辨、判斷罪犯的真實情況及居住地的。

第九章

東哈林強姦犯

任何女性都有可能成為強姦犯的潛在被害人。通常情況下，性虐待者不會在日常生活中表露出任何反常的外在特徵，他們甚至還比較富有，幾乎都是中產階層，這些人十分注重自己的外表，他們會盡量讓自己顯得更具有魅力或無害，這也是他們能夠將潛在的被害人誘騙到手的一個重要原因。

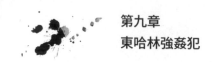

第九章
東哈林強姦犯

　　每當上下班的尖峰期，紐約市的 FDR 公路上都會變得十分擁擠。1991 年 1 月 24 日晚尖峰時段，肯・蕭伯納按照往日的習慣在人行道上牽狗散步。忽然，肯的眼前一暗，似乎有一個黑色人影從前方人行天橋下衝了過去。這個黑影的速度很快，一轉眼的工夫就消失不見了，肯有些疑惑，但他的好奇心驅使他向前看個究竟。肯急步衝上前去，但在天橋轉角處等待他的卻是一具年輕女孩的屍體。

　　肯急忙向警方報案，當地警方趕到案發現場後，發現死者是一名西班牙女孩。當時紐約刮著很大的風，風將女孩身上的外套掀開了，警方可以清楚地看到女孩的面容。警方在確認被害人已經死亡後，立即對被害人的遺體做了初步檢查。法醫掀開死者的毛衣察看，他可以清楚地看到死者的胸口上被刺了幾刀，但傷口沒有血液流出，死者的脖頸上還有一道瘀痕。

　　透過這些資訊，警方對這起案件做了一個初步推斷，死者很可能是被人謀殺的，而發現死者的地方應該只是凶手的棄屍地點，並非是作案現場。負責處理此案的警官加里・杜根在 45 分鐘後又接到了一條從警局傳來的消息：「住在 23 號街區的一戶人家向警方報案，他們家的女兒在案發當天失蹤了，而且這戶人家就是西班牙移民。」加里馬上意識到，這名受害者很可能就是那戶人家失蹤的女兒。

　　加里和助手趕到了這戶人家位於東河碼頭的公寓裡，在這裡他們證實了自己的猜測，那名遇害的西班牙女孩就是這家人的女兒，她的名字叫做寶拉・伊萊拉（Paola Illera）。寶拉是近期剛從哥倫比亞來到美國的，她還不會說英語，她在這裡上學為的就是學習英語。寶拉的性格沉靜，她的家人對她也呵護有加，從不允許她交往亂七八糟的朋友。

　　警方在寶拉家搜集線索的同時，進一步的屍檢結果出爐了。寶拉的

胸腔被刺了三刀，她的脖頸上有明顯的勒痕，她的骨盆附近有明顯的挫傷，這些挫傷是鈍器造成的，這就意味著她可能遭到了性侵，但法醫沒有在死者的身體內發現屬於凶手的精液，不過法醫在寶拉的屍體上發現了一根不屬於寶拉的毛髮，警方從這根毛髮中提取到了凶手的 DNA 樣本。

寶拉的叔叔告訴警方，案發當天，寶拉放學回家，她是在 4 點 45 分的時候回到公寓門口並按響了 13 樓的門鈴，當時寶拉的叔叔和奶奶都在家，他們透過大樓的通話裝置和寶拉對了話，然後遙控打開了公寓的大門，但寶拉一直沒有到家。

警方認為：犯罪凶手很可能就是在寶拉進入公寓後作的案，他先用繩子將寶拉勒死，然後將她的屍體轉移到別的地方，等到侮辱過被害人的屍體之後，凶手又刺了死者三刀，做完這一切之後，凶手將被害人的屍體轉移並丟棄在人行道前方的天橋下。由於警方最初將此案當作個案處理，所以並沒有邀請犯罪心理側寫專家參與，他們只是按照以往處理凶殺案的流程仔細排查了整個公寓內的所有住戶。

警方在這棟公寓的一個女性住戶那裡了解到，當時寶拉曾和她還有另外一名男子一同乘坐電梯，寶拉先下電梯，然後那名男子又上一層，也下了電梯，她是最後下的電梯。警方經過調查，發現那名與寶拉同時乘坐電梯的男人叫阿倫·沃夫德，這個人也是居住在這棟樓內的住戶。警官加里查到了阿倫的住址，但他們先後去那裡訪問了六次，每次都沒有人開門。

警方在阿倫家門前留下了聯絡方式，希望他可以主動和警方聯絡，但這個願望一直沒能實現。由於阿倫只是警方眾多嫌疑人名單中不起眼的一個，警方也不能因為他與寶拉同時乘坐一次電梯而重點懷疑他，而

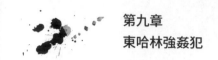
且此時警方手中還有很多比他更有嫌疑的對象。警方決定先調查寶拉是否在放學回家的路上就被人跟蹤或者有沒有私下交往了其他陌生朋友。

　　警方很快就找到了一個值得懷疑的人，這個人是一家水果店的老闆。因為警方認為凶手很可能是用車輛來轉移被害人屍體的，所以他們決定先搜查一下這個人的汽車。搜查的結果讓警方很興奮，他們在水果店老闆的駕駛室內找到了一幅畫。在這幅畫中，寶拉身穿壽服躺在一具棺材內，這幅奇怪的畫讓警方越來越相信自己的推測。

　　警方開始嚴重懷疑這名水果店主有作案嫌疑，但水果店主卻主動表示他願意向警方提供自己的 DNA，他希望用這種方法來證實自己是無辜的。警方在採集到這名店主的 DNA 後立即拿到證據分析部門進行分析。DNA 檢測人員將店主的 DNA 和從寶拉身上找到的 DNA 樣本相比對，結果發現水果店主的 DNA 資料與凶手的 DNA 資料並不吻合，所以這名水果店主並不是殺害寶拉的凶手。

　　加里不得不重新調查其他嫌疑人，但這些人的嫌疑也先後被洗脫了，隨著時間的流逝，整個案子的調查慢慢陷入了僵局，儘管加里和他的助手都很努力，他們不停地思考，仔細查看整起凶案的所有細節，但案子依然沒有任何進展。寶拉遇害一案也因為證據不足而變成了一樁懸案。

　　犯罪心理側寫專家認為，當時，誰也沒有想到這起凶殺案竟然是連環殺手所為，警方只是將這起凶案當成單獨的惡性案件進行偵辦，他們沒有投入足夠多的資源，也沒有主動邀請犯罪心理側寫專家參與，正是因為如此，才使整個案子的調查陷入困境。但是專家們相信，只要是連環殺手在作案，那麼他只有兩種結局，一種是被警方抓捕，另一種是因死亡而不得不停止作案。

1997 年 9 月 13 日下午 5 點，位於哈林區的一棟高樓的頂樓平臺上竄起滾滾濃煙，火勢非常危急，救火隊員們火速趕到現場，他們用高壓水槍將高樓的火焰撲滅，但他們無論如何也想不到，引起這場火災的竟然是一具屍體。等到樓頂上的濃煙散去之後，救火隊員們終於見到了引起火災的「真凶」，這是一具屍體，屍體被人潑上了汽油，然後點燃。顯然這是一起凶殺案，凶手用縱火的方式來銷毀被害人的屍體。

　　警方迅速趕到現場，但由於消防隊員在撲滅火災的時候使用了高壓水槍，現場可能存留的線索已經全部消失，只留下了一具被燒得面目全非的屍體。警方根據現場殘留的一些首飾碎片初步斷定，死者應該是一名女性，他們必須在最短的時間內確定這名被害人的身分。斯科特・華格納警官負責此案的調查，他先讓警員們調查了附近居民樓內的住戶，但這些住戶都沒能認出被害人的身分。

　　斯科特警官又調查了警局內所有失蹤人口的檔案，他還把這起案子的細節發到了各個分局，希望能夠盡快得到有用的線索。很快，警方就將這起凶殺案與布朗克斯區走失的一名年輕女性連繫起來。她的名字叫喬麗斯・科斯特洛（Johalis Castro），她的家人也認出了她的首飾，死者的齒痕和牙醫紀錄完全相符，顯然受害者就是喬麗斯。

　　警方決定調查喬麗斯的身世，他們必須從這裡搞懂這名布朗克斯區的年輕女孩為何死在了哈林區。喬麗斯已經結婚，但她的婚姻並不愉快，她的丈夫經常對她實施家暴。警方仔細調查了喬麗斯的丈夫，發現他並沒有作案的嫌疑。隨後，警方又調查了喬麗斯在遇害當天的所有活動。警方發現喬麗斯家的電話曾多次撥通了東哈林區辛西婭・基家的電話，警方迅速調查了這條線索，他們打了電話給辛西婭，透過這通電話確定了本案的一個重大嫌疑人 —— 阿倫・基（Arohn Kee）。阿倫是辛西

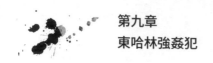

婭的兒子，他和喬麗斯是朋友。

　　警方隨即又在犯罪檔案庫中查到了有關阿倫的犯罪紀錄，他在年少的時候就曾因為搶劫而被送進了少管所。阿倫同意到警局談話，斯科特警官主持此次審訊。在這次審訊中，阿倫表現得十分平靜，他先是對喬麗斯的死表示哀悼，然後又平靜地回答了警方提出的所有問題，他告訴警方，案發當天他和喬麗斯約好一起逛街，但喬麗斯一直沒有出現，阿倫表示他當時很擔心喬麗斯的安危，但喬麗斯的手機一直沒人接聽，他還在晚些時候打了電話給喬麗斯家。

　　阿倫並不避諱警方提出的任何問題，他的坦然讓警方沒有任何理由反駁他，再加上警方手中也沒有哪怕一項可以指控阿倫的證據，警方只能在訊問結束後就放了他。斯科特警官雖然意識到阿倫很不尋常，但無論警方怎樣努力，都搜尋不到一條與阿倫有關的罪證，他們只能將阿倫的嫌疑排除掉。最終，喬麗斯慘死一案也和寶拉一案一樣歸入了懸案資料庫內。

　　一年後，又一起凶殺案的發生讓阿倫・基再次走進了警方的視線。1998 年 8 月一個週二上午 8 點 30 分左右，塔夫特住宅區的電梯出現了故障，居住在 16 樓的希爾只好走樓梯下樓。希爾順著樓梯慢慢往下面走的時候，在 15 樓的轉角處被一名躺在地上的女人絆倒了。希爾開始以為這個女人在樓梯轉角處睡覺，但他仔細查看後，發現躺在樓梯轉角處的女人已經死了。

　　麥克・尤拉克警官和斯科特警官負責此案的調查，他們迅速趕到現場，對現場做了初步偵查。死者是一名年輕女性，她渾身赤裸，四周也沒有任何衣物，死者的上半身包裹著一條床單，看上去就像是一張裹屍布。在將死者的屍體送到屍檢部門以後，警方馬上調查了她的身分。很快，警方就確定了死者的身分，她的名字叫萊希達・華盛頓（Rasheeda Washington），她就住在案發現場附近，被害人是在案發前一天晚上失蹤的。

屍檢報告顯示，死者是因為胸腔和喉嚨受到壓迫而窒息死亡。死者死前還遭到了性侵，法醫從她的體內提取到了殺人凶手的精液樣本，現在警方需要做的就是盡快確認凶手的 DNA 資訊。調查連續進行了 6 個月，但警方的收穫微不足道，眼看這起凶案又要成為懸案，法醫提供的 DNA 資料讓案情獲得了突破。

法醫專家發現萊希達一案中提取到的 DNA 資料和警方手中的另一起強姦案的 DNA 資料相符，這起強姦案本來是歸屬到另外一系列強姦案中進行調查的，但現在警方認為應該將這起案件和萊希達一案放在一起處理。沒過多久，警方又將發生在東哈林區的另外三起強姦案也歸到了萊希達一案中進行處理。

由於這幾起案子歸在一起調查，警方不僅成立了針對這一系列案件的專案組，還邀請犯罪心理側寫專家參與此次調查。犯罪心理側寫專家根據警方提供的線索，發現這幾起案子之間有著很多相似的地方。比如：被害人都是年輕女孩，被害人的身高、體態甚至模樣都很相似，而且凶手喜歡在高樓上處理被害人的屍體。種種跡象顯示，警方正在調查一個連環殺手，強姦案只是這名殺手在殺人之餘犯下的其他罪行。

犯罪心理側寫專家認為，警方應該從這些強姦案中找到有關這名連環殺手的線索。警方再一次拜訪了倖存的強姦案被害人，在這次走訪中，警方發現這幾起強姦案中罪犯的作案手法如出一轍，他都是先強迫被害人脫掉衣服，然後撕開被害人的衣物將被害人的眼睛蒙上，嘴巴堵上，再對其實施暴行。這次走訪無疑從側面證實了犯罪心理側寫專家的推測，專家再次建議警方根據這些被害人的描述，繪製有關凶手的合成側寫，並將這些側寫貼到東哈林區各處。

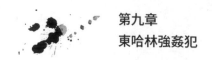

沒過多久，紐約市東哈林區的大街小巷就張貼上了有關凶手的合成側寫，新的線索一條又一條地不斷出現。在眾多線索中，其中一條來自東河碼頭住宅區的線索引起了警方的關注。這裡的居民告訴警方，他們應該找一個外號叫「A」的人聊一聊，這個人極其好色且名聲很壞。警方在檔案庫中搜查了有關「A」的線索，他們發現這個人就是阿倫·基，他還有另外一個名字阿倫·沃夫德。最關鍵的是，這個人的長相和嫌犯的合成側寫非常相似，警方沒有理由不重點懷疑他。

犯罪心理側寫專家認為，如果阿倫就是警方要找的那個連環殺手，那麼他不可能只殺害了一名被害人，所以專家建議警方再仔細查看一下檔案庫內是否還有其他懸而未決的強姦殺人案，這些案子很可能也是這名連環殺手所為。在專家的建議下，警方馬上就發現了喬麗斯一案和寶拉一案均與阿倫·基有聯繫，現在警方要做的就是設法從阿倫·基那裡合法地獲得他的 DNA。

由於警方手中並沒有掌握任何有效或可以直接指認阿倫的合法證據，那麼如何合法地從阿倫那裡獲得他的 DNA 就成了偵破此案的關鍵。警方決定祕密跟蹤阿倫，他們需要觀察阿倫的一舉一動，如果阿倫向地上吐了痰，那警方就要將痰採集走，如果他丟了衛生紙和汽水瓶，警方就要將這些東西從垃圾桶中找出來，以便於可以從這些東西中獲取阿倫的 DNA 樣本。

警方的跟蹤計畫並沒有得到他們想要的結果，但不久，阿倫就因盜竊罪被捕。警方終於得到了一個可以獲取阿倫 DNA 的絕佳機會。1999年 2 月 9 日，警方事先在審訊室內放上了衛生紙、香菸和飲料，他們希望阿倫能夠在審訊中使用這些物品，以便於警方從這些東西上獲得阿倫的 DNA。

在這場審訊中，阿倫拒絕使用審訊室內的任何物品，他甚至連一口水都沒有喝過，阿倫的警惕讓警方不得不更換了新的策略。警方安排一名女警喬裝成護士，女警會以衛生部正在檢查被拘留者是否患有肺結核為由，讓阿倫提供一份唾液樣本，阿倫猶豫了一番之後同意了女警的要求。當阿倫準備簽名的時候，他看到同意書的末尾處有一句唾液將會被用作 DNA 檢測，他馬上就拒絕在同意書上簽名，這讓警方的第二個計畫也宣告破產。

犯罪心理側寫專家告訴警方，阿倫在被拘留期間一定會喝水的，警方只要把阿倫用過的水杯拿來進行化驗就可以了。警方急忙去拘留阿倫的監房內查找水杯，他們一共找到了四個水杯。檢驗官分別從這個四個水杯中提取了 DNA 資料，他發現這四個杯子中只有一個與凶手的 DNA 吻合，但警方又沒有辦法證明這個杯子就是被阿倫使用過的。

就在警方苦苦思索解決辦法的時候，阿倫被保釋了。警方拚盡全力向法院申請到了逮捕阿倫的命令，但他們趕到阿倫居住的公寓時，阿倫的室友表示警方來晚一步，阿倫已經離開了。就在警方準備擴大搜索範圍的時候，公寓內的電話響了起來，這個電話是阿倫打過來的，他在電話中調侃了警方想要獲取他 DNA 的事情，並告訴警方他會自首，但只能由一輛警車將他帶回警局。警方同意了阿倫的要求，但阿倫卻利用這個機會帶著他 16 歲的女友安琪莉·斯托林（Angelique Stalling）逃跑了。

犯罪心理側寫專家建議警方監聽阿倫家的電話，阿倫並不是獨自逃跑，他還帶著他的女友，這樣他就一定會在覺得自己已經安全的情況下想辦法跟家人報平安，警方可以透過這個機會獲得阿倫的具體方位。4 天後，阿倫果然和家人通了電話，警方透過監聽裝置確定阿倫就在邁阿密市中心邁阿密之光旅店附近的一個公用電話亭內。

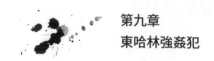

第九章
東哈林強姦犯

　　警方迅速趕往邁阿密，他們在這家酒店外密切監視。警方確定了阿倫就住在這家酒店之後，便向邁阿密警方申請了援助，邁阿密警方出動了特警隊幫助抓捕阿倫，阿倫在酒店內被捕，被捕時他正藏在被罩下面。阿倫‧基被捕後一言不發，他沉默地面對警方的審訊，警方先後拿出了許多證據來刺激阿倫，但阿倫除了激烈否認這些事情是他做的以外，就不再向警方透露任何資訊。

　　犯罪心理側寫專家認為，阿倫既然在逃亡的時候依然願意帶著他的女友，那麼就可以利用這一點來撬開阿倫的嘴巴，但是讓一個未成年少女再次接近這個連環殺手，警方也於心不忍。在審訊即將結束的時候，安琪莉突然向警方提出與阿倫單獨會面，向阿倫告別的要求，警方拒絕了她，他們不能讓一個女孩跟一個強姦殺人犯道別，但安琪莉的態度很堅決。最後，警方同意安琪莉和阿倫再見上一面。

　　在審訊室內，安琪莉和阿倫擁抱道別，阿倫一個勁兒向安琪莉道歉，他顯得很愧疚，安琪莉突然問了一句「你到底都做了什麼」，阿倫就將他所犯下的罪行全部講了出來。警方馬上將阿倫講的話記錄下來，但在此之前阿倫已經叫了律師，根據法律規定，當嫌疑人叫了律師之後，警方就不得對嫌疑人進行單獨審問，警方只能採集了阿倫的頭髮、唾液及血液樣本，送到 DNA 檢測室進行化驗。

　　犯罪心理側寫專家認為，阿倫之所以向安琪莉進行坦白，除了安琪莉在他心目中有重要地位以外，還與他已經叫了律師有關。阿倫是一個思維十分嚴謹的殺手，他的殺人行動總是不留任何痕跡，以至於他在東哈林區活躍了整整 8 年時間，才被警方逮捕。這種人明顯是知道如何借用法律保護自己的。阿倫還是個掌控欲非常強的人，即便是被捕以後，這種掌控欲也嚴格地控制著他的言談及行為。

DNA 化驗結果證實了阿倫的 DNA 樣本與 4 起強姦案及萊希爾·華盛頓遇害案的凶手 DNA 吻合，阿倫的頭髮樣本也和警方在寶拉·伊萊拉遇害一案中找到的毛髮相吻合，至於喬麗斯遇害一案，警方也得到了一些間接證據，這些證據足夠將阿倫定罪。阿倫被帶回紐約，一切似乎已成定局，但阿倫·基的超強控制欲再一次掀起了風浪。

　　在等待審訊的時候，犯罪心理側寫專家也終於弄懂了阿倫的作案手法，他在將被害人誘騙並殺死之後會使用一種非常大膽的手法轉移被害人的屍體，他先用黑色的塑膠袋將被害人的屍體偽裝成要送去清洗的衣物，然後將裝有被害人屍體的黑色袋子放在手推車上，大搖大擺地運往各處，他會在城市內到處亂逛，然後根據當時的心情隨意挑選棄屍地點，將被害人的屍體丟在某處，比如天橋下、頂樓或者樓梯間等等。

　　法庭審理開始後，警方提供了大量證據，並有 130 位證人出庭指認阿倫，看似阿倫已經在劫難逃，但他卻一直保持著雲淡風輕的態度。犯罪心理側寫專家認為，這正是阿倫強烈的控制欲望在發揮作用，他應該已經準備好了一套脫罪說辭，並將所有的希望都寄託在這些說辭上。在阿倫看來，他的這些說辭可以將法官及所有的陪審團成員玩弄於股掌之中，這也是他早就準備好的最後一擊。

　　庭審進行到末尾時，阿倫突然站起來要講話，在法官允許以後，阿倫將警方提供的所有證據一一列舉出來，然後用他的邏輯推翻，並反誣警方在陷害他，阿倫的話讓法庭不得不延緩了宣判時間。再次開庭的時候，阿倫又做了新的準備，他告訴法官，警方的法醫中心在黑市上販賣人體器官。阿倫還表示他已經從一名神祕男子那裡得到了證據，法醫部門為了掩飾他們的不法勾當，就將他當成了代罪羔羊。

　　阿倫還向法官提供了證據，他的證據就是穿在他身上的一件襯衫，阿

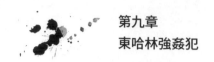

倫說證據就在這件襯衫的裡層，阿倫當庭脫了襯衫，在法庭上大肆宣講所謂的「罪證」。阿倫的這套說辭震驚了所有人，但經過核查之後，法官並沒有相信阿倫的說法。3 天後，法官和陪審團一致認為阿倫‧基有罪。

阿倫‧基因為謀殺萊希達‧華盛頓被判處終身監禁，因為謀殺喬麗斯‧科斯特洛和寶拉‧伊萊拉被判處 250 年監禁，因為其他 4 起強姦案被判 225 年監禁。不管怎樣，阿倫‧基殘害他人的日子到此結束，正義得到了伸張，阿倫‧基剩下的生命都將為自己所犯下的罪行贖罪。

◇ **【背景知識】系列性強姦犯的犯罪心理側寫**

是什麼問題促使一個男人犯下強姦罪行呢？僅僅只是這個男人缺乏必要的自制力嗎？作案者是否具有控制或者羞辱受害者的強迫欲望？事實上，這些問題都沒有簡單的答案。

強姦和正常情形下發生的性行為是完全不同的，在很多情況下，強姦行為只是由憤怒而引發的性犯罪，性虐待狂們被他們幻想世界中的慾望所吞噬時會產生很強的性衝動，並在失去自制力的情況下犯下這種罪行。很多時候性犯罪者只是在他們的幻想世界內策劃並演習關於強姦的戲碼，但如果他們的性幻想得不到滿足，他們就會將幻想世界中的行為付諸現實，這也就是導致一系列性犯罪發生的主要原因。

任何女性都有可能成為強姦犯的潛在被害人。通常情況下，性虐待者不會在日常生活中表露出任何反常的外在特徵，他們甚至還很富有，幾乎都是中產階層，這些人十分注重自己的外表，他們會盡量讓自己顯得更具有魅力或無害，這也是他們能夠將潛在的被害人誘騙到手的一個重要原因。

第十章

格里諾滅門慘案

第三種是指有犯罪傾向的人，比如有過犯罪經歷、蹲過監獄的人，行為異常古怪的人，熱衷於暴力行為的人，熱衷性虐及性侵的人，這些人可能犯過罪，也可能沒有露出任何可供識別的犯罪特徵。但他們內在的幻想及某些精神上的缺陷往往會使他們在特定的情況下實施犯罪。比如：性犯罪者往往都是在性幻想得不到滿足的時候才著手作案的。

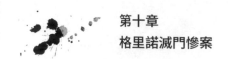

傑拉爾頓是澳洲西南部最大的港口城市，作為澳洲最重要的貨物出口港之一，傑拉爾頓吸引了大量人口和遊客，人們都將這裡當作生活的最佳去處。在這座城鎮不遠處坐落著一個優雅的小山村，這個小山村曾經是澳洲西部最早的拓居地。這個村莊的名字叫格里諾（Greenough），它的自然環境非常優美，很多來到傑拉爾頓的遊客都喜歡到這裡體驗一番原汁原味的澳洲田園風光。

1993 年 2 月 22 日上午，一對夫婦驅車趕往格里諾，他們是凱倫（Karen MacKenzie）的好友。凱倫家住在格里諾村外的一處獨棟農居中，由於家中缺少人手，周圍也沒有其他居民，凱倫就邀請了自己的好友來幫忙修繕房屋，這對夫婦就是去凱倫家幫忙的。

等這對夫婦趕到凱倫家門前，他們被躺在地上的一具屍體驚呆了。那是丹尼爾的屍體，這對夫婦當時並沒有攜帶手機，他們只好驅車趕到周圍其他住戶那裡撥打報警電話，隨後趕到案發現場的警探們也被眼前的一幕驚呆了，他們從未見過如此殘忍血腥的屠殺。警方當即成立專案組，並邀請了犯罪心理側寫專家參與此案的調查。警方首先了解了凱倫的人生經歷，他們試圖從這裡找到有關凶殺案的蛛絲馬跡。

1990 年代初，31 歲的單親媽媽凱倫帶著她的 3 個孩子搬到這裡定居，一家人幸福地生活在這裡。凱倫的大兒子丹尼爾（Daniel）已經 16 歲了，他是一個聽話的大男孩，經常幫著凱倫做家事以及照看 7 歲的妹妹阿瑪拉（Amara）和 5 歲的妹妹卡特琳娜（Katrina）。凱倫是一個非常友善且富有同情心的女人，她樂於助人、活力四射，但也是這種性格讓她在青少年時期就顯得異常叛逆。凱倫在尚未成年的時候就懷上了丹尼爾，15 歲就當了媽媽。

凱倫曾嘗試著獨自照看孩子，但尚且年幼的她並不具備照看孩子的

能力。凱倫只好在丹尼爾過完兩歲生日後將孩子交給了孩子的外婆照看。凱倫在 24 歲的時候與安德魯‧艾倫結婚，並生下了兩個女兒，但這段婚姻並沒有持續很久。此後，凱倫的感情生活一片空白，她獨自帶著兩個女兒生活在格里諾，後來丹尼爾也從祖母那裡搬了過來，一家四口愉快地生活在一起。

1993 年 2 月 19 日，凱倫去參加一個派對，丹尼爾在家裡照看兩個妹妹。當晚，凱倫喝了很多酒，整個派對開到了第二天凌晨 5 點才結束，凱倫搭了一個朋友的車回家，但誰也沒有想到就在 48 個小時以後，凱倫會在自己的家裡慘遭殺害。凶手的殺人手段極其殘忍，以至於澳洲官方將所有關於案發現場慘狀的描述資訊都封存了，禁止媒體向公眾透露。警方根據現場的線索還原了凶案發生時的情景。

1993 年 2 月 22 日凌晨 3 點鐘的時候，凱倫家十分安靜，這所地處偏僻的農宅內只有廚房還亮著燈。凱倫和她的兩個女兒早已入睡，只有丹尼爾還未休息。這時一輛汽車開上了通往凱倫家的土路，汽車發動機的轟鳴聲引起了丹尼爾的注意，他從房子內走了出來，想要看一看是誰在深夜中到訪。

這輛汽車看到丹尼爾從房間內走出後就熄火停了下來，然後從車上走下了一位體格健壯的男子，丹尼爾是認識這個人的，他微笑著走上前去，想要和這個男子說話，但當他走到這名男子身邊的時候，男子突然揮動手中的武器，將丹尼爾擊倒在地。丹尼爾倒地之後，這名暴徒依舊不打算放過他，他連續揮動手中的武器，這是一把斧頭，它重重地擊打在丹尼爾的脖頸上，直到丹尼爾再也不會做出任何反應。

殺死丹尼爾之後，暴徒順著丹尼爾打開的後門走進凱倫家。此時凱倫正在客廳內的地板上熟睡，她絲毫沒有察覺到有一名歹徒潛入了她的

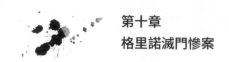
家。這名暴徒悄悄來到凱倫身邊,他掄起手中的斧頭重重地砍在凱倫的頭上,凱倫當場死亡,但這名暴徒繼續折磨她的屍體,直到將她砍得面目全非。

凱倫半裸著身體躺在血泊中,這名暴徒又走進凱倫的臥室,在臥室中不斷翻找,最後他拿了一支護手霜重新回到凱倫身邊。這名暴徒跪在凱倫的屍體旁,將凱倫的屍體擺成了屈膝跪伏在地的姿勢,然後用這支護手霜代替潤滑劑,侵犯了凱倫的屍體。做完這一切之後,這名暴徒用沙發墊和毛毯將凱倫的屍體蓋住,然後又走進了阿瑪拉的臥室。

年僅 7 歲的阿瑪拉同樣在睡夢中遭到了襲擊,她遭受的攻擊十分殘忍,這名暴徒就像是一名屠夫一樣殺害了她。殺死阿瑪拉以後,凶手又走進了卡特琳娜的臥室,他一斧頭砍死了這名年僅 5 歲的小女孩。在將凱倫一家全部殺死之後,這名暴徒從容不迫地走進浴室,他將身上、手上以及斧頭上的血跡沖洗乾淨,又仔細清洗了案發現場,將所有可能帶有他指紋的東西全部帶上車後揚長而去。

上午11點鐘左右,澳洲刑事情報科的探員莫夫・卡森斯及法醫布林・鐘斯趕到案發現場。警方被這起慘絕人寰的凶案震驚了,他們從未見過如此殘忍的殺人手段及案發現場,警方十分憤怒,他們怎麼也想不通這名暴徒為何要殺死兩名尚且年幼的孩子,而且兩個孩子都是死在睡夢之中。警方決定不論花費多大的精力,都要將這起滅門慘案破獲。

由於當時天氣非常炎熱,而且還刮著很大的風,澳洲警方連續多次增加警力,才將凶案現場的證據全部採集完畢。這些證據包括案發現場留下的鞋印、輪胎印、指紋以及其他法醫證據。凱倫一家人的屍體在 2 月 23 日凌晨 4 點鐘的時候被空運到澳洲最權威的法醫中心進行屍檢。警方隨即安排了大量志願者對凱倫家附近的大片區域進行搜索,整個搜索

行動持續了 7 天，警方必須將凶手可能遺留下的線索全部掌握。

在搜索行動進行到第三天的時候，警方開始在案發現場採集指紋。警方採用了一種高級指紋採集方法──「碘熏顯現法」，在這種方法的幫助下，警方順利採集到了凶手遺留在案發現場的一枚掌紋，這個掌紋來自凶手的右手小指下邊的手掌邊緣。犯罪心理側寫專家認為，凶手留下的這枚掌紋說明在案發現場中他曾做出了一個用右手扶牆的動作，這個掌紋的印記很淺，說明連續殺人的舉動讓他覺得有些疲累，但並不是很累，這就意味著凶手很可能是從事體力勞動的。

當時警方並沒有數位相機這種設備，他們只能用底片相機將掌印拍下，留作證據。警方還用紫外線燈對案發現場做了二次掃描，在各種濾色鏡的幫助下，警方又在發現掌紋的那間屋子的房門上找到了一些油乎乎的痕跡，警方隨即將這扇門送到法醫部門進行檢驗。

法醫發現這些油乎乎的東西是一種護手霜，這種護手霜在當地很常見，但法醫鑑定組檢查了整個房間內所有的護手霜，都沒能找到這種護手霜的來源。此外警方還在門的內側發現了 3 根手指的指紋，但這 3 枚指紋只有指尖部分，看起來這應該是凶手在關門的時候不小心留下來的。警方現在還有一個疑問，那就是凶手的指紋中為什麼會帶有護手霜的成分？

在一些特殊的性侵案件中，凶手會在凌辱被害人屍體的時候使用護手霜，這些凶手把護手霜當成了潤滑劑。在警方的要求下，法醫部門專門檢測了凱倫下體上是否曾被使用過護手霜，而法醫的回覆是：「使用過。」

犯罪心理側寫專家發現，凱倫一家在整個地區內的風評很好，人們都認識這家人，於是專家就建議警方開通有關凶案的熱線電話，並透過

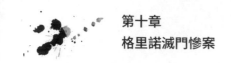

第十章
格里諾滅門慘案

媒體將凱倫一家遇害的事件報導出來。熱線一經設立，社區內的人們就踴躍地撥打該熱線電話，他們爭先恐後地向警方提供線索，希望這些線索能夠幫助警方，讓警方將那個殘忍的暴徒繩之以法。

犯罪心理側寫專家告訴警方凱倫家的位置很偏僻，她家周圍也沒有其他居民居住，這樣的地理位置在夜間是很難找到的，凶手可以在凌晨3點鐘準確找到凱倫家，這說明他肯定認識凱倫，甚至還是凱倫的好友。警方懷疑過凱倫的前夫，但他有十分明確的不在場證明，他的嫌疑很快就被排除了。

警方還懷疑過黑幫組織，因為這個區域的大部分人都吸毒，凱倫也是一個輕微吸毒者，所以她很可能是得罪了一些人。當警方調查了所有在附近活躍的黑幫以後，這些黑幫的嫌疑也都被洗脫了。而且案發現場遺留下的腳印很少，這說明作案者應該是一個人，如果是黑幫作案，一般是集團作案，而且會選擇使用槍械而不是使用斧頭。

警方在得知了凱倫曾經在案發前參加過一個派對以後，就對該派對的所有成員做了調查。經過調查之後，警方首先懷疑起一名叫威廉‧米切爾（William Patrick Mitchell）的 24 歲男人，這個人是一名農場工人，他在參加派對的時候曾經和凱倫發生過爭吵。2 月 20 日凌晨 5 點鐘，凱倫曾乘坐米切爾的車回家，上午 11 點鐘左右，米切爾離開凱倫的家，有目擊者證實了這一消息。

警方還懷疑凱倫的前男友以及另一個曾經在凱倫家住過的人，此外還有 60 多名輕度嫌疑人。警方從這些人身上都獲取了指紋、頭髮、唾液等 DNA 樣本，但當時的 DNA 技術還很落後，警方只能透過 DNA 化驗確定一個範圍，剔除掉一些完全不具備嫌疑的人，所以案件的調查進展依然十分緩慢。

凱倫一家遇害案在當地引起的反響非常激烈，即便是癮君子也主動和警方聯絡，配合警方的調查，很快，警方又有了一個嫌疑人。這個人是一個漁夫，有目擊者稱他曾在週日上午和凱倫說過話，第二天他就去了達爾文。達爾文警方迅速找到了這名漁夫，他無法提供案發時不在場的證明。

　　與此同時，鑑定人員還檢測出凶案現場發現的那個掌印與米切爾的掌印吻合，但由於米切爾是凱倫的朋友，他又曾在案發前在凱倫家停留過，所以在凱倫家發現他的掌印並不能證明他就是殺人凶手。就在警方難以判斷的時候，米切爾突然撥通了報警電話。

　　警方趕到事發地點之後，發現米切爾家的門敞開著，室內的桌子上丟著他的錢包，但室內沒有人，正當警方準備搜索室內的時候，米切爾慘叫著從外面衝進屋內，他渾身赤裸，身上只圍了一條浴巾，浴巾下還在不斷往外冒血。米切爾告訴警方，他正準備出門，卻被突然闖進來的3個人制服了，這3個人朝著米切爾大吼，說派對的主人就是格里諾謀殺案的元凶，他們讓米切爾說出這個人的地址，米切爾說他不知道，這夥人就用刀片割他的下體，米切爾瞄準機會掙脫了這夥人的控制，衝進浴室將門反鎖，然後在浴室內撥通了報警電話。等到那夥人走了之後，米切爾才跑到屋外藏了起來。

　　警方隨即將米切爾送進醫院，在米切爾接受治療期間，警方多次向他詢問襲擊者的相貌，米切爾在警方施加的壓力下竟然主動承認剛才發生的一切只不過是他自導自演、憑空捏造的謊言，他身上的傷口也是他自殘留下的。警方又以製造假證為由將米切爾拘留。不久，一名環衛工人在海濱公園的停車場內發現了血跡、精液和一本被利刃割成碎片的色情雜誌，公園主人在得知了情況以後馬上向警方報導，警方推測這裡就

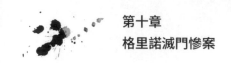

是米切爾實施自殘的地方。

犯罪心理側寫專家認為，米切爾的種種行為很不正常，他很有可能就是此案的凶手，他這樣做的目的就是為了轉移警方的目標，並且試圖用這樣的方法得知警方手中到底掌握了多少有關凶案的線索。於是，專家建議警方對有關海濱公園內的線索一定要保密，並用這些線索來試探米切爾。由於米切爾只是做假證，所以他很快就被放了出來。警方的試探行動還在準備中，化驗部門在分離凶手留下的指尖指紋的時候又遇到了新的難題，他們決定親自拜訪與凶案有關的嫌犯，並獲取這些人的指紋。

鑑定人員在農場中找到米切爾，他們表明來意，米切爾也同意再次提供自己的指紋，但就在提取指紋的過程中，米切爾所講的一句話讓鑑定人員打了個寒戰。米切爾說：「你們還在查這個案子？我還以為你們早就將凶手逮到了，我從新聞上看到那個人在海濱公園裡幹了些奇怪的勾當，被你們抓了個正著。」米切爾故作聰明的話無疑進一步證實了犯罪心理側寫專家的推測，很明顯米切爾就是格里諾謀殺案的真凶。

第二次提取的指紋很完善，接著鑑定人員就證實了米切爾的指紋和在案發現場找到的指紋完全吻合，而且指紋中提取到的油類物質樣本也和凱倫屍體上的油類樣本完全相同。這也是米切爾到過案發現場最確鑿的證據。警方迅速將米切爾逮捕，米切爾並沒有做過多反抗，他很快就認了罪。

警方將米切爾逮捕後就對他進行了審訊，並要求他重新回到凶案現場，向警方講述他作案時的細節。米切爾一一照做，在整個講解過程中米切爾都表現得異常冷靜，這些凶殘的殺人過程在米切爾口中彷彿是一件再平常不過的小事，這種冷酷的態度也意味著他絲毫沒有悔過之心。

米切爾告訴警方，作案凶器被他丟在了一條河中，警方隨即對米切爾講的那條河進行了搜索，在河底的淤泥中，警方找到了作案凶器，這是一把劈柴用的斧頭，因為劈砍過多人的頭骨和頸骨，這把斧頭的斧刃上密密麻麻的都是缺口，而且在斧頭上還掛著幾根屬於凱倫的頭髮。

　　米切爾告訴警方，他在作案前一晚也就是 2 月 21 日，曾經回到了舉行派對的那棟房子，他在那裡喝了很多酒，然後又吸食了大麻，米切爾還服用了很多處方藥，並給自己注射過兩次興奮劑。次日凌晨大約 2 點 30 分左右，米切爾驅車來到凱倫家，然後在這裡開始了慘無人道的血腥殺戮。

　　米切爾說他在前往凱倫家之前就已經打定主意要殺死凱倫全家，但後來他又說他不知道為什麼要這麼做，他似乎又什麼都不記得了。犯罪心理側寫專家認為，米切爾顯然是在故意混淆警方的關注點，他試圖用這種方法來證明他是在藥物作用的影響下才暴起殺人的。但是，米切爾將整個凶案都記得非常清楚，作案的過程也非常有條理，處理凶案現場的手法非常仔細，這種行為證明了他並非是「因藥殺人」。

　　1993 年 9 月，威廉‧米切爾公開受審，警方向法庭提交了有關凶案的全部細節及證據，這其中就有米切爾親口敘述的口供，法官認為米切爾在作案時思維清晰，因此駁回了米切爾因服用藥物作案的相關辯護，最終法庭認為米切爾有罪，威廉‧米切爾被判犯有 4 項謀殺罪，3 項侮辱屍體罪以及一些與本案無關的其他輕罪（非法持有凶器罪、非法持有注射器罪等）。

　　1993 年 10 月，最終判決出爐，法庭宣判威廉‧米切爾將在重度監控下服刑 20 年，20 年後，米切爾有權申請假釋。這個判決一經公布，就在當地引起軒然大波，人們紛紛指責法庭，指責澳洲政府，要求重新審判。

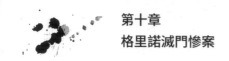

迫於公眾壓力，法院只好更改了判決，米切爾的假釋條款被去掉了，他在有生之年必須待在監獄內服刑。但是後來，米切爾又向最高法院申請，要求法院恢復他的假釋條款，最高法院最終確定米切爾應該擁有這一權利，因為米切爾是否會在 20 年後依然凶殘如故，依然對社會造成危害，這在 1993 年是說不清楚的。儘管法院的理由很充分，但在大眾的心目中，這種判決是不公的，這種判決無法讓凱倫一家人得以安息，而這也不是人們需要的正義。

【背景知識】罪犯的主要分類

義大利著名犯罪心理學家切薩雷‧龍勃羅梭（Cesare Lombroso）曾將所有的犯罪者劃分為三個主要類別。

第一種是天生罪犯，龍勃羅梭認為這種類型的罪犯往往在生理方面就具有低等進化的返祖現象，比如下頜骨較為突出、前額部分窄小、毛孔粗大等外在特徵。當然並不是說具備這些特徵的人就是天生的罪犯，但天生罪犯一定會有返祖特徵出現。

第二種就是精神異常的罪犯，這類人生理或者精神方面都有著程度輕重不同的疾病或缺陷。生理有缺陷或者異常的病人很可能會產生過度自卑、妒忌、焦慮等情緒，這些情緒如果得不到排解，就會慢慢升級成精神異常現象，而精神異常者經常會做出破壞自身正常生理狀態的行為，這兩者是相輔相成的。但最終是否會實施犯罪，主要還是由罪犯的精神狀態來決定的，生理問題只會產生限制和制約的作用，比方說，罪犯天生矮小、瘦弱，那他在作案的時候只會選擇比他更加矮小、瘦弱的受害者。

第三種是指有犯罪傾向的人，比如有過犯罪經歷、蹲過監獄的人，行為異常古怪的人，熱衷於暴力行為的人，熱衷性虐待及性侵害的人，這些人可能犯過罪，也可能沒有露出任何可供識別的犯罪特徵。但他們內在的幻想及某些精神上的缺陷往往會使他們在特定的情況下實施犯罪。比如：性犯罪者往往都是在性幻想得不到滿足的時候才著手作案的。

第十一章

女殺手艾琳

女性殺人犯的犯罪動機其實和男性殺人犯的犯罪動機很相似，犯罪的理由和原因也基本相同。比如：女性殺手一般都是在貪欲、妒忌、控制他人、報復他人、性變態或者性虐待以及其他類型的精神錯亂等因素的影響或主導下實施犯罪的。

第十一章
女殺手艾琳

2002 年 8 月，艾琳‧卡諾‧烏爾諾斯（Aileen Carol Wuornos Pralle）在佛羅里達州的監獄中開始給上帝寫懺悔書，再過幾週的時間，她就要被執行死刑了，在此之前，她想要將自己生命中所犯下的全部罪行通通交代清楚，以這種方式換取上帝的諒解。犯罪心理側寫專家對艾琳的一切都很感興趣，在犯罪歷史上，像艾琳這樣的女性連環殺手是很少出現的，專家向警方索取了有關艾琳的全部資訊，他們希望能夠從這些資訊中了解到有關艾琳的一切，並由此找出導致艾琳變成一名連環殺手的真正原因。

1956 年 6 月 29 日，艾琳‧卡諾‧烏爾諾斯在美國密西根州的羅徹斯特市出生，從這一刻開始，艾琳的生活就注定是混亂和不幸的，而導致這一切的原因就是她的親生父母。艾琳的母親黛安（Diane Wuornos）在 14 歲的時候就愛上了艾琳的父親里奧（Leo Pittman），黛安的父母堅決反對兩個人在一起生活，原因就是里奧根本就是一個不務正業的壞孩子，但黛安和里奧還是在 1954 年 1 月私奔了，後來兩人還結了婚。

1955 年 3 月，艾琳的哥哥凱斯（Keith）出生，沒過多久，里奧就因為一些輕微罪行而被警方逮捕，為了不蹲監獄，里奧同意去當兵。里奧離開之後，黛安也帶著凱斯離開了，7 個月後，艾琳出生。黛安沒有能力撫養這兩個孩子，她決定將這兩個孩子送到自己的父母親那裡生活，而她也藉此斷絕了自己和孩子們之間的關係。10 年後，里奧因為強姦一名少女而被送進了監獄，他在監獄中上吊自殺了，而凱斯和艾琳只能跟著他們的外祖父母生活。

外祖父勞里‧烏爾諾斯和外祖母布麗塔‧烏爾諾斯（Lauri and Britta Wuornos）將凱斯、艾琳以及他們的一對兒女放在一起撫養，他們一家六口人生活在密西根特洛伊城附近。勞里的性格很嚴厲，他經常因為一些

小事情處罰孩子們，在勞里看來，這種暴力懲罰的方法可以讓孩子們變得更聽話一些。

艾琳在這種環境下長大，她天生就擁有一頭金色頭髮和一雙活潑的棕色眼睛，這讓她看起來像一個天使。但是，艾琳的脾氣非常壞，在她的美麗外表下隱藏著一股積壓多年的無名怒火，她經常時不時地發怒，這讓其他孩子很反感，因此他們都不願意與艾琳交朋友。

犯罪心理側寫專家認為，艾琳的幼年生活直接影響到了她的內心，外祖父的暴躁、武斷也成了艾琳學習的榜樣，暴力解決問題成為艾琳處事的一大準則，再加上她嚴重缺乏親生父母的關愛，更不懂得事情的對與錯，無法形成明確的是非觀念，這讓她一步步走上了歧途。艾琳的內心早已被扭曲，容易點燃的怒火也只是種種內因所導致的表象罷了。

凱斯是艾琳唯一的玩伴，他們兄妹之間的關係看似非常正常且相互友愛，但實際上，兩人之間的關係也很古怪。兄妹二人都不允許其他人說他們的壞話，但他們兄妹二人又經常扭打在一起。犯罪心理側寫專家認為，這與兩人的童年經歷有關，哥哥不懂得謙讓，妹妹又沒有明確的是非觀念，這樣才使得兩個人之間經常爆發「戰爭」。

艾琳 10 歲那年又發生了一件影響她一生的事情。這一年，艾琳和她的哥哥凱斯發生了男女關係，這種關係的發生也讓艾琳改變了對「性」的認知，從此以後，「性」成為艾琳獲得他人認同並賺取金錢的唯一手段。犯罪心理側寫專家認為，扭曲的認知並不能讓艾琳明確地判斷出自己所做的事情到底是對是錯，也沒有人告訴她作為一名女孩應該如何自尊自愛。在她看來，這種方法能夠獲得其他同齡人的認同，還能賺到可以購買菸酒的金錢，這就已經足夠了。

漸漸地，艾琳開始和身邊的男孩發生關係，她透過這種辦法從這些

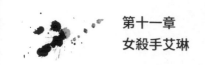

男孩手中獲得金錢,她用這些金錢買來東西舉辦派對,這樣她就能找來很多同齡人一起玩耍,並使自己產生一種順利融入同齡人圈子中的錯覺。事實上,這些和艾琳發生過關係的男孩根本不會也不可能去尊重她,因為這些男孩知道,他們可以用各種方法和艾琳發生關係,在他們看來,艾琳實在是太過輕賤了。

艾琳的種種行為讓她的成績非常糟糕,儘管她的外祖父母不清楚艾琳會在學校裡賣淫,但他們還是知道艾琳經常結交一些壞朋友,這讓祖孫之間的關係變得愈發緊張。艾琳經常和凱斯一起離家出走,也因此被送到少管所接受改造。1970 年,艾琳在 14 歲的時候就懷了孕。在艾琳的回憶錄中,她表示這次懷孕是因為她的一個鄰居,她被那個男人強姦了。

艾琳懷孕 6 個月之後,她的外祖父母才知道這件事,他們決定讓艾琳放棄這個孩子,艾琳並不反對這件事,因為她自己也沒有媽媽。艾琳的外祖父母就將她送到了一個安排未婚媽媽生孩子的地方。1971 年 3 月,艾琳生下了一個小男孩,這個孩子很快就被其他人領養了,艾琳甚至沒有和這個孩子見上一面。

當艾琳回到家的時候,她的外祖母布麗塔去世了,外祖母的去世給外祖父帶來了非常大的打擊,他認為自己已經受夠了這兩個孩子,他決定將艾琳和凱斯趕出家門,再也不允許他們回家。艾琳和凱斯同時離開了外祖父家,凱斯寄宿在他的朋友家裡,而艾琳則依靠她所知道的唯一生存方法,獨自去外面打拚。

此後,艾琳就在馬路上生活,她沿著馬路四處遊蕩,以賣淫為生。犯罪心理側寫專家認為,艾琳其實一直都在找一個叫做「家」的地方,在此後的 20 多年裡她也一直在為此而努力,但事實上,童年不幸的生活

讓她變得越來越極端，而她也逐漸失去了控制身體內憤怒火焰的力量。

艾琳經常跟著一個人漫無目的地遊蕩幾天，然後再換一個人繼續遊蕩，酗酒、毒品、搭便車和各種聚會成了艾琳的全部生活，這樣的生活持續了將近 5 年，直到她來到科羅拉多州，在這當了一名妓女。

犯罪心理側寫專家認為，艾琳這些年來嘗盡了人間冷暖，嫖客在艾琳身上獲得滿足，發洩過慾望之後，對她就會變得刻薄起來，因此艾琳生活得很艱辛。但在她看來，這是她唯一能夠做好的工作，她靠這個來養活自己，對艾琳來講這就是她的全部。

艾琳還因為擾亂社會治安和重度盜竊罪被警方逮捕過，犯罪心理側寫專家認為，這種現象就是艾琳難以自制的一種表現，而這僅僅是她狂暴性格投射出的一個縮影。

1976 年，艾琳在佛羅里達州的戴通納海灘定居下來，在這裡，艾琳生活的性質並沒有發生任何改變，她甚至開始和很多已婚男人通姦並偷竊這些人的錢。這一年，艾琳還得到了她外祖父去世的消息，勞里死在了自己的車庫裡，而且是自殺身亡。

也就是在這一年，艾琳和一個叫路易士·弗爾（Lewis Gratz Fell）的 69 歲老頭結了婚。路易士很富有，他也願意為艾琳花錢，這似乎是艾琳過上正常生活的一個好機會，但她已經不能控制自己暴怒的脾氣，也無法像正常人那樣生活，自然不能夠將這段婚姻維持下去，這段婚姻最終僅僅持續了 9 個星期。路易士向法庭申請離婚，而他提出的離婚理由是：只要他不給艾琳零用錢花，艾琳就會用藤條抽打他。

1976 年 7 月，剛剛離婚的艾琳再次遭到一次重擊，她的哥哥凱斯死於喉癌。從此以後，艾琳又開始過上了飄泊的生活，她四處流浪，吸毒、酗酒，艾琳盡可能地接待她所遇上的所有客人。

犯罪心理側寫專家認為,凱斯不僅僅是艾琳的哥哥,他還是艾琳最忠實的夥伴,在艾琳遭遇的所有不幸中,凱斯都支持艾琳的選擇,失去凱斯是艾琳所不能忍受的事情,這也是艾琳再次悲傷、頹廢的原因。

1978 年,艾琳試圖自殺,她用一把點 22 口徑的手槍擊中了自己的小腹,但這次自殺沒有成功,她被好心人及時送到了醫院。在醫院中,艾琳對醫生說這已經不是她第一次試圖自殺了。等到傷勢恢復後,艾琳就離開了醫院,而且她只接受了非常有限的心理治療。1981 年 5 月,艾琳在醉酒狀態下持槍搶劫了一家小型超市,當時她身上只穿了一件比基尼。

搶劫結束後,艾琳就駕車離開,但她的車太老舊了,沒走多遠就在路邊拋錨,警方很快就將她抓進了監獄。犯罪心理側寫專家調查後發現,艾琳在搶劫前與和她同居的那個男人發生了爭執,她想要透過搶劫超市的行為來吸引這個男人的注意,看一看自己搶劫成功後那個男人會有什麼反應,而這就是她搶劫的動機,簡單又暴力。

艾琳因持槍搶劫罪被判刑 3 年。在獄中,艾琳以讀《聖經》打發時間,而和她關在一起的獄友是一個同性戀,這在一定程度上再次影響了艾琳對「性」的理解。1983 年,艾琳出獄後馬上又開始了搭便車、賣淫以及四處飄泊的生活。事實上,艾琳並不喜歡這種生活,但她也沒有任何選擇餘地。艾琳漸漸察覺到她和男人之間的關係永遠難以得到穩定,似乎沒有哪一個男人願意和她長時間地生活在一起,於是她開始尋找女人一起生活。

在艾琳 28 歲的時候,她成了一名同性戀,她迅速就被同性戀這個族群所接納,不過這種轉折並沒有給艾琳帶來好運氣,艾琳必須面對接踵而至的新麻煩。此後,艾琳經常出沒在旅行者酒吧,在這裡她結識了 24

歲的泰莉亞‧莫爾（Tyria Moore），兩人很快就建立了戀愛關係。艾琳認為，現在她和泰莉亞之間的關係正是她想要得到的，她們兩個人彼此相愛，她們沒有固定的住所，所以兩人就在美國各地四處流浪。

犯罪心理側寫專家認為，艾琳本身並不是同性戀，但她逼迫自己成為同性戀，在她看來，只有這樣才能得到她一直尋找的感覺。在艾琳的回憶錄中，她同樣將這段與泰莉亞共同生活的時光當成她一生中最浪漫、最值得珍惜的時光。

艾琳稱呼泰莉亞為自己的妻子，她白天會去高速公路上賺錢，晚上則回到泰莉亞的身邊，艾琳的暴脾氣還是會經常發作，但泰莉亞堅持留在了她的身邊。泰莉亞曾經勸過艾琳，讓她不要再去賣淫，但艾琳並不打算放棄這件她早已習慣並且做得很好的事情。在艾琳的生命中，似乎也沒有人像泰莉亞這樣無條件地愛著她，她十分珍惜這份感情，所以她希望能夠賺更多的錢來養活泰莉亞，並藉此將泰莉亞永遠留在身邊。

1989 年，艾琳已經 33 歲了，長時間的流浪生活讓她快速衰老，此時的艾琳已經沒有了年輕時的美貌，這也就意味著她將失去在高速公路上吸引顧客的資本。泰莉亞在一家汽車旅店找到了一份保潔工作，但這依然不能改變她們兩人生活貧困的現狀，這種情況很快就給兩人之間的關係帶來了新的壓力。

犯罪心理側寫專家認為，艾琳已經深深沉迷在她和泰莉亞之間的關係中，泰莉亞就是她的全部，是她活下去的希望，所以艾琳會想盡一切辦法來留住泰莉亞，而她所面對的首要問題就是獲取大量金錢，以減緩生活帶給她們的壓力。事實上，艾琳之所以變成了一個人們談之色變的女殺手，其根本原因就在這裡。

1989 年 11 月 30 日，51 歲的電器維修工理察‧馬婁里（Richard

Charles Mallory）正準備去坦帕市外的戴通納海灘上參加一個週末聚會，在趕往聚會地點的路上，理察遇上了艾琳，他同意與艾琳發生關係，於是就載上了艾琳。理察將車停在了公路附近的一處樹林中，兩個人在車內一邊喝酒一邊聊天。

天色慢慢暗了下來，理察喝得有點多，也就在這個時候，艾琳掏出了藏在她衣服內的那把點 22 口徑的手槍，她朝著理察的胸口及後背連開 4 槍，理察當場死亡。殺死理察之後，艾琳將他身上的所有現金取走，將他的屍體拖到車外，用在附近找到的一條毯子將他的屍體遮住，然後開著他的車逃走了。

回家之後，艾琳就將她剛剛所做的一切都告訴了泰莉亞，但由於艾琳的語氣太輕佻，泰莉亞不敢相信艾琳口中所講的事情是真的。當天晚上，艾琳就和泰莉亞搬了家，然後艾琳將理察車內的所有東西都取了出來，她將這些東西包好埋在土中，又仔細地將車內可能留下指紋的地方全都擦了一遍，最後將這輛車丟棄在了另一個地方。

第二天，警方就找到了理察的汽車，但在兩週後，理察的屍體才被人們發現，由於缺少線索，這件案子成了懸案。而在此期間，泰莉亞也站在了艾琳這邊，她認為艾琳已經將身體內的憤怒發洩掉了，艾琳會慢慢變好的，所以她沒有去警察局報案。

犯罪心理側寫專家的看法與泰莉亞剛好相反，在專家看來，艾琳的這次殺人行動確實有發洩的成分，但這種發洩方式根本不可能改變她的現狀，殺人搶劫也不是維持生活的正確方法，如果艾琳發現自己的所作所為可以輕鬆逃過法律的制裁，那麼，她就會繼續作案，繼續用這種錯誤的方法來減緩生活給她帶來的巨大壓力。

事情的發展果然不出專家所料，在休息了 6 個月之後，艾琳又先後

作案3次，分別殺害了大衛‧斯皮爾斯（David Andrew Spears）、查爾斯‧卡斯卡頓（Charles Edmund Carskaddon）以及彼得‧賽姆斯（Peter Abraham Siems）。這些被害人並非都是想與艾琳發生關係，有的甚至是看到艾琳獨自一人站在路邊，以為她是一個需要幫助的可憐女人。但對艾琳來講，這些人有車、有錢，正是她下手的最佳對象。

通常情況下，一些連環殺手在作案的時候都會對受害者實施侮辱或者性虐待，但艾琳並沒有這樣做，再加上艾琳每次作案後都會將死者和死者的汽車分別丟棄在不同的地點，而且她還會將可能留在車內的線索清除乾淨。所以，警方並沒有意識到這些凶殺案是同一人所為，這3起凶殺案也被歸為懸案。

1990年7月4日，艾琳和泰莉亞一起駕車出門，這輛車是第4名被害人彼得‧賽姆斯的車，他在3週前被艾琳殺害，艾琳還是用老方法將他的屍體處理掉，然後開走了他的車。就在泰莉亞駕車轉過一個彎道的時候，她不小心將車開進了路邊的深溝裡。

艾琳和泰莉亞都沒有受傷，但當救援人員趕到的時候，艾琳意識到這輛車很可能會給她帶來麻煩。於是，艾琳先偷偷地將這輛車的車牌拆下來，扔到了旁邊的灌木叢中，又在一名救援人員靠近她們的時候出手打了他，然後就拉著泰莉亞急急忙忙地逃走了。警方隨即對這起奇怪的案子展開了調查，但他們並沒有找到救援人員所描述的那兩個女人，因為她們已經搭便車逃回了戴通納。

警方雖然根據救援人員的描述繪製了艾琳和泰莉亞的畫像，但他們害怕張貼這些側寫會打草驚蛇，所以只在一家報社發行的報紙上刊登過一次。在後來的5個月中，艾琳又殺死了3名被害人。現在，警方已經非常確定製造這些凶殺案的殺手應該是同一人，因為雖然這些被害人的

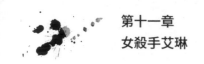
屍體被丟棄在 5 個不同的郡縣，但這些人都是被點 22 口徑的手槍打死的，所以警方決定將與此案有關的嫌疑人側寫在全國範圍內張貼，以便於獲取有關凶殺案的線索。

嫌疑人的畫像被張貼後不久，警方就收到了很多從戴通納海灘和奧蘭治港地區打來的電話，這些好心的民眾告訴警方側寫上的這兩個女人曾經在這裡住過。此時，泰莉亞已經離開了佛羅里達州，她去了北部的賓夕法尼亞州投奔她的姐姐。泰莉亞清楚地知道，她必須離開艾琳，否則她的生活就會被艾琳毀掉。

現在，艾琳獨自一人生活在佛羅里達州，她的處境很淒涼，她甚至不知道警方已經注意到她了。12 月下旬，警方又在當鋪內發現了艾琳曾經在這出售過的被害人的遺物，艾琳在當票上留下了她的大拇指指紋，警方透過指紋比對，迅速查找到了近期在佛羅里達州頻繁作案的連環殺手的名字 —— 艾琳·烏爾諾斯。

1991 年 1 月 9 日，警方在名字叫做「最後的港灣」的酒吧內逮捕了艾琳·烏爾諾斯。逮捕艾琳之後，警方很快在賓夕法尼亞州找到了泰莉亞，泰莉亞非常配合警方的行動，她將自己知道的所有資訊全部告訴了警察。而此時，艾琳也陷入了一個兩難的境地，她必須在為自己辯護和保護心愛的女人之間做出選擇。

泰莉亞承認，在艾琳所犯的這些罪行中，至少有一起謀殺案她是知道的，但公訴方並沒有任何證據能夠證明泰莉亞是參與過謀殺的，所以公訴方決定不以任何罪名來起訴泰莉亞，但泰莉亞也必須幫助警方，說服艾琳向警方招供出她所犯下的全部罪行。

警方讓泰莉亞寫一封信給艾琳，並在信中寫上了泰莉亞的電話號碼。1 月 14 日，艾琳撥通了泰莉亞的電話，這次通話之後，艾琳決定向

警方坦白所有罪行。1991 年 1 月 16 日，艾琳向警方坦白了一些罪行，並告知警方這些事情全部都是她一個人做的，但艾琳還告訴警方，她之所以殺死這 7 個男人，原因就是這些人曾經試圖攻擊她，她只是在自保的情況下才不得已殺死了對方。

最後警方決定以 6 項一級謀殺罪起訴艾琳，艾琳的故事很快就傳遍了整個美國，人們都為這個連環殺手的出現而感到震驚。犯罪心理側寫專家表示，艾琳和其他連環殺手是不同的，她是個女人，這在連環殺手的族群中十分罕見，即便是一些女性殺人犯，她們殺死的往往是自己的朋友或者親人，並不會去殺害陌生人。正是這樣的原因，才讓警方在破案的時候無從下手，直到艾琳自己露出了馬腳，警方才將她抓獲。

1992 年 1 月 25 日，艾琳在被捕一年後被送往佛羅里達州的沃盧西亞郡接受審判，法庭這次審理的是理察被殺一案。泰莉亞將以證人的身分出現在法庭上，她會在這裡公開指證艾琳。泰莉亞的出現讓艾琳有些崩潰，她的極端性格再次爆發出來，艾琳大聲指責警方，向法庭表示她在監獄中經常受到迫害，隨即她就憤然離席了。在隨後的交叉詢問中，艾琳暴怒的脾氣讓陪審團察覺到了影響她一生的暴力傾向，這最終影響到了陪審團的決定，他們認為艾琳一直在撒謊。

1992 年 1 月 31 日，即使在辯護方聲稱艾琳·烏爾諾斯患有一種邊緣性人格障礙的情況下，陪審團依然認定艾琳有罪，艾琳·烏爾諾斯最終因蓄意謀殺理察而被判處死刑，但整個審判的過程還沒有結束。在後續的審判中，艾琳對接下來的 3 次審判都沒有表示任何異議，她還主動向法庭承認了另外兩起罪行，並要求法庭盡快將她處以死刑。

犯罪心理側寫專家認為，艾琳將被困在監獄中狹小的房間內，她大約需要在這裡待上 20 年，直到所有和她有關的訴訟全部解決，這種等死

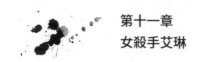
的感覺是艾琳難以接受的,她已經失去了她擁有的一切,繼續活下去對艾琳來講並沒有任何意義,所以只有被執行死刑,才能真正得到解脫。

2001年7月,艾琳·烏爾諾斯在巡迴法官面前要求法庭結束她的關押過程,加速對她執行死刑。為了能夠讓法庭對她執行死刑,艾琳再次向法庭坦白,她表示那7個被害人都是她故意殺死並對他們實施搶劫的,但是在被處死之前,艾琳又想將某些罪行推到一些警探身上。

事實上,有3位警探曾經在艾琳的審判結果出來前試圖參與電影的拍攝交易,艾琳認為警方應該徹查到底,因為她相信警方一開始就知道是她殺的人,警方故意縱容她,想讓她殺死更多的被害人,這樣他們就可以在破獲這起凶案的過程中獲利,變得富有或者知名。

2002年4月1日,佛羅里達高級法院批准了艾琳結束上訴過程的請求,艾琳將於這一年的10月被處決。在即將被執行死刑的這一段時間內,艾琳寫下了關於她一生遭遇的回憶錄,只是她還是試圖在回憶錄中將某些殺人罪行推到其他人身上,其中也包含了泰莉亞。2002年10月9日,46歲的艾琳·烏爾諾斯被執行注射死刑,終於結束了她既悲慘又罪惡的一生。

【背景知識】女性殺人犯的犯罪動機

女性殺人犯的犯罪動機其實和男性殺人犯的犯罪動機很相似,犯罪的理由和原因也基本相同。比如:女性殺手一般都是在貪欲、妒忌、控制他人、報復他人、性變態或者性虐待以及其他類型的精神錯亂等因素的影響或主導下實施犯罪的。

對所有的連環殺手而言，操控被害人的生死可以滿足他們最變態的控制欲望，不過對於女性殺手而言，她們的犯罪過程或犯罪手法一般都會帶有很強烈的女性特徵。比方說，有些女性為了報復那些把快樂從她身邊偷走的情敵，就會在嫉妒心的驅使下決心剝奪自己情人的生命，如果情敵也在現場，那麼情敵也有可能會被殺死。

　　有些被丈夫遺棄的婦女甚至會殺死自己的孩子來報復孩子的父親。有些女性犯罪者會協助她的男性伴侶，幫助他物色、強姦、折磨以及謀殺其他女性。通常情況下，這種女性犯罪者都是某個主導型男殺手的順從受害者，她們和男殺手有更深一層的關係，如果她們發現自己喜歡看男殺手虐待其他無助女性，那她們就會在虐待和謀殺中發揮積極作用，瞬間轉型成一個冷酷、變態、熱衷施虐的性攻擊者。

第十二章

殘忍的集團作案

 兒童心理學家認為，有些兒童可以將痛苦隱藏在內心深處，將所遭受的苦難「內化」，而大部分人則會將自己所遭受的苦難以其他形式發洩出來。事實上，能夠將痛苦「內化」的兒童更容易犯下謀殺罪行，這是因為這些兒童長期以來一直都在壓抑自己內心中的憤怒，這種被壓抑的情感一旦到達臨界點，就會爆發出超乎尋常的威力，這些兒童也就會失去自我控制的能力，犯下一些常人難以理解的殘暴罪行。

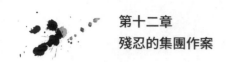
在新南威爾斯州南部的狄福萊納區，16 歲的女孩貝芙麗（Beverley Balding）愛上了鄰居家的男孩凱里·鮑爾丁。在相戀了 5 年的時間以後，兩人決定結婚。婚後，夫妻二人在當地的小城市瓦格瓦歌買了一套公寓，然後就在這裡定居了。凱里的木工生意很不錯，他很愛貝芙麗，一家人生活得非常幸福。很快，夫妻二人生育了他們人生中的第一個孩子 —— 卡洛琳。1967 年，兩人的第二個孩子 —— 珍妮（Janine Balding）也出生了。4 年後，珍妮的妹妹蓋爾出生，珍妮 10 歲那年，她又有了弟弟大衛。

在鮑爾丁家的這些孩子中，珍妮無疑是最討父母喜歡的一個，她也是所有孩子中最漂亮、最活潑的一個。珍妮的性格十分友善，她總是會無償地幫助其他人，因此，珍妮又有了一個「小天使」的稱號。高中畢業以後，珍妮準備離開父母去雪梨生活。因為珍妮的姐姐也在雪梨工作，而她的父母又認為她們姐妹之間應該多接觸，所以就同意了珍妮的請求。

珍妮來到雪梨以後，很快就在一家銀行找到了一份工作，她和姐姐一起住在父母為她們購買的別墅內。這棟別墅建造在克羅努拉度假村，是雪梨南部最好的濱海郊區度假公寓，那裡有著非常優美的自然風光，珍妮很喜歡那裡。

1978 年，珍妮認識了消防員史蒂芬·墨蘭（Steven Moran），他們兩個一見鍾情，很快就確立了情侶關係。1988 年 4 月，兩人訂了婚，珍妮開始非常渴望做一位新婚媽媽，她經常和有孩子的婦人交朋友，並無條件地幫助她們帶孩子，以此來品味一下提前當媽媽、照顧小寶寶的感覺，當然，她也非常想有一個屬於自己的孩子。

1988 年 9 月 7 日，珍妮在史蒂芬家住了一夜。第二天早上，珍妮

並沒有直接駕車返回克羅努拉，她偷懶將車子停在了薩瑟蘭火車站附近的一處停車場內，然後去火車站搭乘火車上班。珍妮無論如何也不會想到，正是這個決定給她帶來了厄運。薩瑟蘭火車站是該區域的交通樞紐，這個地方聚集著大量閒雜人等，有很多流浪者和不良青少年也將這裡當成了他們的活動「基地」。

犯罪心理側寫專家認為，很多流浪青少年都處在叛逆期，這些人要麼是和家人失和而離家出走，要麼就是不喜歡被父母監管，他們年紀尚幼，既沒有明確的是非觀念，又容易誤入歧途。因此，這些青少年經常觸犯法律，但即便是這些青少年觸犯了法律，社會仍然願意包容他們，這也是官方不願意透露這些少年犯罪者的真實姓名而往往以代號「甲、乙、丙」稱呼他們的根本原因。

1988 年 9 月 8 日，16 歲的流浪兒馬修·艾略特（Matthew James El-liott）獨自走在中央火車站附近的人行道上。儘管馬修只有 16 歲，但他卻有著偷車、入室盜竊、縱火等一系列犯罪前科，很顯然，他就是個問題少年。馬修在人行道旁邊的長椅上遇到了史蒂芬·詹米森（Stephen Wayne Jamieson）。詹米森今年 22 歲，他的母親在懷他的時候因為酗酒使他先天發育不良，他的身材矮小，因此又有了一個「矮子」（Shorty）的綽號。

「矮子」在 11 歲的時候離家出走，他在這 10 年中先後犯下了許多罪行，其中就包括性犯罪、搶劫以及蓄意傷害等罪行。「矮子」和馬修一起在火車站附近閒逛，很快他們兩個又遇到了韋恩·威爾默特（Wayne Lindsay Wilmot）。韋恩是一個 15 歲的流浪兒，他在 5 歲的時候被政府送進了福利院，但他屢次從福利院中逃出來，相對於福利院，他更喜歡流浪街頭。

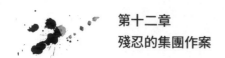

第十二章
殘忍的集團作案

在警方的檔案中，韋恩曾經多次受到性侵和偷竊的指控，但他都狡猾地逃脫了法律的制裁。韋恩還結交了一個名叫卡蘿爾·艾洛（Carol Ann Arrow）的智能障礙者，卡蘿爾是不久前剛從鄉下偷跑出來的，她來到雪梨的時間還沒多久。隨後，布朗森·布萊辛頓（Bronson Matthew Blessington）也加入了這個小團體中，布朗森的年紀很小，他只有 14 歲。布朗森是近幾年才開始在街頭風餐露宿的，他在幾天前認識了馬修，事實上，這次聚會也是這個小群體的首次聚會。

犯罪心理側寫專家認為，在這些青少年的心中，他們將排定座次看得很重。武力值高的、做過壞事情多的人就是這個小團體的老大。很明顯，這些人裡除了布朗森和卡蘿爾都有過犯罪經歷，而「矮子」、馬修和韋恩因為曾屢次從法網中逃脫，使得他們打心眼裡蔑視法律，這也是他們不斷將犯罪行動升級的根本原因。

為了確保這個團體可以繼續維持下去，這夥人必定會在首次聚會的時候做出一些平時不敢做或者沒有做過的事情，只有這樣才能使集團內部的成員產生更刺激、更好玩的感覺，在進行團體行動時可以比平日裡自行活動時更能獲利，這才可以將整個團體維繫下去，集團成員才會繼續待在一起。

布朗森加入這個集團後沒多久，集團成員們的話題就轉移到接下來要進行的活動上。這時，馬修提出了一個讓人毛骨悚然的提議：「嗨！兄弟們，我們今天找個妞來強姦一通怎麼樣？」聽了馬修的話，整個團體先是一陣沉默，隨即「矮子」就開口道：「好啊！這個提議不錯！」「矮子」的話點燃了整個團體的氣氛，所有人都贊同馬修的提議，罪惡就這樣開始了。

下午，這夥人登上了開往薩瑟蘭的一趟列車，在車內，這夥人言行粗

魯，他們大聲吵鬧，肆意騷擾周圍的其他乘客。在列車行駛期間，「矮子」還拿出了一本色情雜誌，用非常下流的言語侮辱了一名女乘客。「矮子」的言行極為醜陋，他給那名女乘客留下了非常深刻的印象，正因為如此，他才會在設法脫罪的時候，因為這名女乘客的指認而被法庭判處刑罰。

1988 年 9 月 8 日傍晚，「矮子」一夥人正在薩瑟蘭火車站附近遊蕩。19 歲的實驗室技術員，克莉絲汀·莫蓓麗（Christine Moberley）從薩瑟蘭火車站下車，然後就朝著停車場走去，當她快要走到停車場旁邊的時候，克莉絲汀透過停車場外的鐵絲網看到停車場內聚集著一群遊手好閒的青少年，這些陌生少年馬上讓她警惕起來，她一邊觀察這群人，一邊從包包裡取出她的汽車鑰匙。

待在停車場內的這群人正是「矮子」一夥，當他們注意到克莉絲汀是一個人走進停車場，而四周又沒有其他人的時候，這夥人馬上就起了歪心思，他們相互示意一番之後，就站起身走向克莉絲汀。克莉絲汀馬上注意到了這夥人的舉動，她急忙打開車門鑽進汽車，然後將車門關上。

這時，那夥年輕人也走到了車前，一個個子稍微高一些的年輕人開口說話，他先向克莉絲汀問了時間，克莉絲汀回答了他。然後，這名年輕人又問她有沒有帶香菸，或者有沒有帶錢，克莉絲汀注意到這個人在說話的時候悄悄從口袋裡掏出了一把彈簧刀，她馬上發動汽車逃走了。

克莉絲汀逃回家以後，急忙將她遇到的事情告訴了她的男朋友巴里。巴里在工作的時候傷到了腿部，他近期一直待在家裡養傷。在得知了克莉絲汀的遭遇後，巴里馬上決定要向警方報警。薩瑟蘭的執勤警官詳細記錄了這件事情，但警局並沒有重視這件事，所以警方也沒有派遣警車趕往現場進行調查。

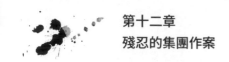

第十二章
殘忍的集團作案

　　珍妮在晚上 6 點多的時候搭火車返回薩瑟蘭，她沿著停車場旁的斜坡走向汽車，就在她掏出鑰匙打開車門的一瞬間，幾個年輕人突然出現在她的身後。這夥人中的一個高個子男孩朝著珍妮打了個招呼，他先向珍妮問了時間，然後又詢問她身上是否帶有香菸和錢。珍妮生性友善，她並沒有察覺到這夥人的險惡用心，以為他們只是在和自己開玩笑，於是她搖頭拒絕了對方，但就在這時，講話的這名男子突然持刀挾持了她。

　　這名男子用力勒著珍妮的脖子，他和另外兩名男孩將珍妮挾持到汽車後排座位上，一個捲髮男孩則迅速鑽進駕駛室，還有一名女孩坐進了副駕駛室。克莉絲汀和巴里報案之後決定再去案發地看一看那夥人是否還在那裡，當他們趕到停車場的時候，剛好看到了珍妮被這夥人挾持的一幕。巴里因為腿部骨折，並沒有擊退匪徒的能力，所以他和克莉絲汀只好再次趕往警察局報案。

　　警方接到報案後，馬上安排警員趕往現場，但警方的這次行動卻出現了一個重大失誤，由於薩瑟蘭火車站附近有很多停車場，警方趕去的那處停車場並不是克莉絲汀所說的那處，正是這個致命的錯誤導致最終沒能阻止慘劇的發生。儘管警方隨後又檢查了附近的好幾個停車場，但此時作案者早已駕車離去，警方根本不可能在停車場內找到任何與綁架案有關的線索。

　　第二天早上，一名巡警在 4 號公路上巡邏的時候發現了一輛被遺棄在路邊的汽車。在對這輛汽車進行仔細檢查後，這名警察發現車內的情況十分混亂，後排車座上散落著一些女士內衣，在遺棄車輛不遠的地方，警察還找到了一個女式手提包。隨後趕來的警官立即組織警員對遺棄車輛周圍進行搜索，在這裡，警方又陸續找到了一些屬於珍妮的物品。

經過調查，警方發現，這一天，珍妮沒有去公司上班，而她的未婚夫史蒂芬在前天晚上和她告別以後就再也沒有見到過她。由於珍妮的姐姐昨晚並沒有在家，所以警方又詢問了度假村的管理員，確認珍妮昨晚沒有返回公寓。

　　現在警方基本上已經可以確定珍妮失蹤了，而且她還很可能是遭到了綁架。警方打電話給珍妮的父母，向他們報告了珍妮失蹤的這件事情。儘管警方每隔 10 ～ 15 分鐘就會打一通電話給珍妮的父母，向他們報告最新的案情進展，但對珍妮的父母來講，時間似乎早已凝固。

　　就在警方努力查案的時候，一名社工向警方提供了十分重要的線索。這名社工告訴警方，有兩個孩子告訴他，他們偷了一輛汽車，警方迅速找到了這兩個孩子，這兩個孩子就是參與綁架珍妮案的馬修和布朗森。在隨後展開的審問過程中，馬修出示了一把有著黃色手柄的彈簧刀，並告訴警方他們知道有一名女孩遭到綁架而且被殺害了，他們還表示願意幫助警方調查這個案子。

　　在隨後的審訊中，警方再次詢問了珍妮是否遇害，馬修和布朗森又改口稱他們並不清楚珍妮到底有沒有被殺，但他們願意帶警方去案發現場看一看。馬修和布朗森將警察帶到了位於明欽伯里附近的一處水壩旁，馬修告訴警方，這裡就是凶手行凶的地方。警察來到水壩上方，他們一眼就看到了一具漂浮在水面上的屍體，這具屍體就是珍妮。

　　將珍妮的屍體收殮以後，警方打電話通知了鮑爾丁夫婦，珍妮遇害的這個消息給貝芙麗造成了十分沉痛的打擊，貝芙麗決定與罪犯抗爭到底。犯罪心理側寫專家認為，在某種情況下，母親的意志是超出父親的，她們往往能夠在被推入痛苦深淵的時候爆發出驚人的意志力，貝芙麗就是在這種意志力的支撐下，承受了常人難以忍受的痛苦，並堅持在

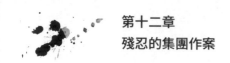
法庭上與凶手抗爭。

法醫病理學家彼得對珍妮的屍體進行了屍檢，彼得發現，珍妮的口腔、氣管以及肺葉內都吸入了大量渾濁的液體，顯然她是被活活溺死的。彼得又對這些液體進行了比對化驗，他發現珍妮體內的液體和水壩中的液體成分是吻合的。因此，這處水壩就是凶手殺死珍妮的作案現場。珍妮的手腕還有一處骨折，彼得估測，這是凶手在將她丟入水壩中的時候摔斷的。

在找到珍妮的屍體之後，警方就將馬修和布朗森關進了監獄，在隨後的審訊中，這兩名罪犯又供出了韋恩和卡蘿爾。不久之後，被警方通緝的「矮子」也在澳洲黃金海岸被警方逮捕。在審訊中，「矮子」承認凶案發生時他就在現場，但他否認自己參與殺人，馬修、韋恩、布朗森也表示殺害珍妮的不是自己。儘管這 5 個人的供詞各不相同，但警方還是以偷竊、搶劫、綁架、強姦以及蓄意謀殺等罪名將他們告上了法庭。

由於澳洲司法系統存在漏洞，警方在錄口供的時候，一直將這 5 個作案真凶關在一起，於是這 5 個人就開始串供，他們將所有的罪名都推到了一個名叫斯科特·安吉斯的人身上。警方又邀請了克莉絲汀指認作案凶犯，克莉絲汀認出了這夥人中的馬修就是當晚和她搭話的那個男孩，而且，案發當晚就是他親手挾持珍妮的。

警方分別採集了 5 個人的 DNA，然後拿去與珍妮體內發現的凶手DNA 比對，他們發現韋恩的 DNA 和凶手的 DNA 資料吻合。警方還在珍妮汽車的方向盤上找到了韋恩的指紋，在一家軍用品商店內，店主確認了他曾經賣給馬修和韋恩一把帶有黃色手柄的彈簧刀。銀行提款資訊顯示，珍妮遇害後，她的提款卡曾在德魯特山的一臺 ATM 上使用過。

有一名認識馬修的目擊者告訴警方，案發當天，他曾看到馬修和一

夥人在德魯特山的一處便利商店中購買商品，當時這些人的身上很髒，腳上和衣服上都沾滿了汙泥。一名珠寶商也找到了警方，他告訴警方，馬修在案發當天曾經向他出售了一些女式首飾珠寶，當時馬修和其他人身上都沾滿了泥汙。警方隨後確認，馬修出售的這些珠寶都是屬於珍妮的。

　　警方根據掌握的資訊進一步還原了珍妮遇害的全過程。當克莉絲汀趕往警局報告那夥騷擾她的少年正在挾持珍妮的時候，這夥人迅速將珍妮推進了汽車後座，韋恩負責開車，一夥人向西穿過市區，汽車大約行駛了 40 分鐘以後，這夥人來到了城市西邊的郊區，郊區內荒無人煙，這夥人在汽車的後座上對珍妮實施了殘暴的性侵害。

　　首先是馬修，其次是布朗森，最後是「矮子」，珍妮在汽車後座上遭到了這 3 個人的輪姦。而在實施這樣殘暴的罪行時，另一名有智能障礙的女孩就坐在汽車的副駕駛位上，目睹了珍妮遇害的全過程。發洩完性慾之後，這夥暴徒還不滿足，馬修再次提議：「殺死珍妮。」馬修的提議馬上讓這夥暴徒再次興奮起來，韋恩大聲附和馬修的提議，並將汽車往更偏僻的道路上開去。

　　汽車順著 4 號公路向前行駛，經過明欽伯里的一片開闊地時，韋恩將車停了下來。這夥暴徒將珍妮從車內拖出來，然後放在汽車後車廂上，他們在這裡再次侵犯了珍妮。韋恩是最後一個侵犯珍妮的人，所以法醫在珍妮的體內提取到了韋恩的 DNA 樣本。這夥人在發洩完獸慾之後，又用繩索將珍妮的手腳捆上，然後將她拖到水壩邊，在翻過水壩旁的圍欄時，珍妮的手被摔斷了，最後「矮子」和馬修將珍妮拖到水壩旁，珍妮不停地大聲呼救，「矮子」表示他再也不想聽到珍妮發出的聲音了，於是就讓馬修動手將珍妮溺死。

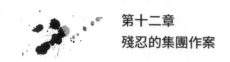

第十二章
殘忍的集團作案

馬修將珍妮的頭按進水邊的汙泥內，臨死前，珍妮的手死死地抓住了一株蘆葦。殺死珍妮以後，馬修和「矮子」先將珍妮身上的首飾全部拿走，然後才將她的屍體丟進水壩。這夥人還從珍妮的手提包中找到她的提款卡以及一張寫有提款卡密碼的紙條。

做完這一切之後，這夥人才開著珍妮的汽車揚長而去，汽車行駛幾公里以後就因故障拋錨了，這夥人順手將汽車丟在了路邊，然後步行前往德魯特山社區。在這裡，他們取走了提款卡裡的錢，賣掉了珍妮的首飾，然後搭乘火車前往市區，接著就分道揚鑣了。

這 5 名作案者是完全具備受審資格的，在審理進行了幾個月以後，這夥人又突然宣稱他們的同夥不是「矮子詹米森」，而是「矮子威爾森」，顯然這夥人又一次串供了。法庭不得不暫停審訊，讓警方盡快追查威爾森。

在二次審判開始之前，法庭終止了針對韋恩的謀殺指控，檢控方也接受了韋恩在珍妮被殺時和卡蘿爾留在車內的說法，韋恩對強姦、偷竊、綁架等指控也表示認罪，法庭判處他 10 年監禁。針對卡蘿爾的所有指控也被撤銷了，因為她患有嚴重的智力障礙。

1990 年 5 月，第二次審判正式開始，很多目擊證人都站出來指認「矮子」，其中就包括「矮子」在火車上侮辱的那名女乘客。「矮子」被關押期間，還曾向他的獄友吹噓過他殺死珍妮的過程，他表示如果有機會，他還要再殺一次。「矮子」的獄友將他所說的一切都上報給了警方，這些證據最終讓法庭堅信「矮子」就是殺死珍妮的凶手。

在審判的最終階段，辯方律師又以這夥青少年都患有一定程度的精神障礙為由，試圖為他們脫罪。犯罪心理側寫專家認為，這夥人的智力顯然是完全沒有問題的，他們不僅有條不紊地殺死了被害人，還取走被

害人身上的財物，這些行為都顯示了這夥人是智力健全且在作案時保持清醒的。

犯罪心理側寫專家建議警方讓這夥人做一個智力測驗，只要測試的結果可以達標，就能推翻辯方律師的說法。警方馬上就安排了一次智力測驗，測試結果顯示，這夥人的智商完全正常，他們並沒有任何精神問題。

經過連續 4 週的審理，陪審團暫時休庭，他們要做最後的決定。即便是到了這個時候，這夥凶狠殘忍的不良青少年依然毫無悔意，他們保持著十分隨意的姿勢站在法庭上等待審判的結果，他們有說有笑，甚至還滿不在乎地向媒體記者們做出帶有侮辱性的手勢。這群不知悔改、毫無憐憫之心的少年暴徒最終激起了所有人的憤怒，眾人都等著最終判決的到來。

陪審團經過商議後，認為「矮子」、馬修和布朗森的挾持、強姦、搶劫以及蓄意謀殺的罪名成立。法官宣判，儘管珍妮遇害一案的 3 名作案真凶年齡尚小，但他們作案手段極為凶殘，又毫無悔改之心，因此他們應該被處以終身監禁，並且永遠不得保釋。宣判結果一經公布，整個法庭都沸騰了。即便是正義最終得到了伸張，很多人依然認為，這夥窮凶極惡的少年罪犯應該被處以死刑。

【背景知識】兒童、少年犯罪

犯罪心理側寫專家研究發現，很多犯下凶案的青少年，在他們的童年生活中一直都承受著他人的忽視或者虐待，在這種環境的影響下，這些青少年就會慢慢地相信暴力是一種可以接受的表達憤怒的最佳方式。

第十二章
殘忍的集團作案

　　兒童心理學家認為，有些兒童可以將痛苦隱藏在內心深處，將所遭受的苦難「內化」，而大部分人則會將自己所遭受的苦難以其他形式發洩出來。事實上，能夠將痛苦「內化」的兒童更容易犯下謀殺罪行，這是因為這些兒童長期以來一直都在壓抑自己內心中的憤怒，這種被壓抑的情感一旦到達臨界點，就會爆發出超乎尋常的威力，這些兒童也就會失去自我控制的能力，犯下一些常人難以理解的殘暴罪行。

　　英國的一位青少年法庭精神病諮商專家認為，遭受過剝削、排斥以及在生活中經常失意的青少年都有著比較低的自尊心，在這些青少年看來，他們之所以會被惡意對待，是因為他們不值得被他人關愛和保護。在生活中，這些人會意識到盡量孤立自己或者變得暴力、殘忍起來，能夠帶給他們一種非比尋常的力量，富有攻擊性的行為還會讓其他人關注到原本無人理會的自己。

　　在這些孩子看來，即使是負面的關注，也比被人忽視更好。而他們內心的憤怒也會強化他們所做的異常或凶殘行為，這種行為引發的後果又會反過來強化他們內心中的錯誤認知，由此進入一個惡性循環的過程，最終使他們轉變成無惡不作的少年殺手或者連環殺手。

第十三章

變態殺人狂魔

 從某種意義上來講,具備反社會行為的犯罪者,在幼年的時候都會具有非同尋常的無懼、無畏等情緒,並且這些人的自我控制能力非常差。出現這種結果的原因其實與父母管教不良或者過於嚴苛、長期虐待孩子、忽視孩子的感受等種種行為有著直接關係。

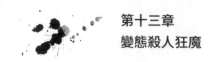

　　一直以來，電影把各種美好或恐怖的事情活靈活現地呈現在世人面前，美好的電影且不去提，單說那些恐怖的電影，也不全是電影創作者憑空捏造而來的。一般而言，恐懼的情景大多是來自於人們的想像，但如果這些想像中的惡魔出現在現實世界中，那他們就能帶給世人更為強烈的恐懼感。

　　電影《驚魂記》中的諾曼‧貝茲、《德州電鋸殺人狂》裡的「皮面人」以及《沉默的羔羊》裡面的「水牛」比爾，都是一些被世人所熟知的恐怖電影角色。不過，很少有人知道，這些角色的原型其實都是來自於現實世界中的一個變態殺手，他曾經犯下了讓人難以想像的恐怖罪行。

　　這個人的名字叫做愛德華‧西奧多‧蓋恩（Edward Theodore Gein），他不僅會對活人痛下殺手，甚至連死人都不會放過。在蓋恩案發以後，警方曾在他的房間內找到了大量由人類骨骼製成的器具。隨著案情的深入，越來越多的新發現、新證據無疑證實了蓋恩的行為是毫無人性又極度變態的。

　　蓋恩一度成為美國人心目中恐怖的代名詞。當然，也正是蓋恩身上的某些「特質」吸引了犯罪心理側寫專家，專家們對他產生了強烈的好奇心，他們仔細調查了有關蓋恩的一切，試圖透過這些塵封已久的線索解讀出隱藏在「變態殺人狂魔」背後的祕密。

　　事情要從 1950 年代說起。在美國威斯康辛州的風蝕平原上，有一座名叫「平原鎮」的小鎮。在 1957 年間，這座小鎮上只有 700 多名居民。和威斯康辛州的其他小鎮一樣，這座小鎮上有一座酒館、一家五金行和兩三家飯店，生活在這裡的人安詳平靜、與世無爭。平原鎮上的居民一直過著勤勞愉快的生活，但這種美好的田園生活在這一年的 11 月被徹底打破了。

　　1957 年 11 月 16 日早晨，威斯康辛州一年一度的鹿節開始了。平原

鎮上的男人們都喜歡打獵，他們都是好獵手。這一天，小鎮上的所有男人都會帶著獵槍去森林中狩獵，他們會把打到的獵物掛在獸棚內，由專門的人宰殺處理，打到最好獵物的人還會博得其他男人的尊敬。

因為男人們都出門捕獵了，所以鎮子的主幹道上沒有一個人影，整個小鎮靜悄悄的，儘管如此，小鎮上的店鋪還是要正常營業。住在五金行對面的瓊・萊茵德斯羅姆發現那家店一直到了下午時分也沒有開門營業，這是一件很不尋常的事情，58 歲的五金行店主伯妮絲・沃登（Bernice Worden）到底去哪裡了？

等到伯妮絲的兒子打獵歸來，人們才得知五金行內的情況。當時，五金行內被搞得一團糟，看起來就像是剛剛被打劫了一樣，店鋪內的地板上還殘留著大片血跡。伯妮絲的兒子馬上報了警，在向警方提供線索的時候，伯妮絲的兒子提到了一個店裡的常客，這個人經常到店鋪內做客，就在事件發生前一天下午，他還到店裡詢問過防凍劑的價格。

這個人就是愛德華・蓋恩。蓋恩獨自一人居住在平原鎮外的一個孤立農場內。當晚，也就是伯妮絲失蹤後的 3 個小時，警探阿特・史可利和一名助手向蓋恩的家中趕去，他們希望從蓋恩這裡獲得一些線索。

警方趕到蓋恩家時，發現房子外面是上鎖的，蓋恩不在家。阿特警探不想白跑一趟，他決定去房屋旁邊的柴草房查看一下。這間柴草房在整棟房屋的背面，門上沒有上鎖，兩名警察打開手電筒，小心翼翼地向柴草房走去。

蓋恩家的位置非常偏僻，他的家裡也沒有通電，所以這裡在夜晚就顯得特別陰森恐怖。伸手不見五指的情況為阿特警探帶來了不小的麻煩，兩名警察只能藉助手電筒發出的微弱光亮一點一點地仔細查看房間內的情況。

第十三章
變態殺人狂魔

突然，阿特感覺到自己的肩膀似乎碰觸到了某種東西，他舉起手電筒一照，眼前就出現了一具被倒掛在房梁上的無頭女屍。阿特警探驚呆了，他從沒有見過如此殘忍、血腥的案發現場，他愣愣地盯著這具就像是一頭被屠宰的鹿那樣掛在房梁上的屍體，一時間竟然忘了此行的目的。

幸運的是，阿特是一個經驗豐富的老警探，呆愣了一會兒之後，他就急忙招呼另一名警員退出柴草房，最大限度保護案發現場，然後在第一時間通知了警局，讓警局盡快搜捕愛德華·蓋恩。蓋恩就待在小鎮內，他很快就被警方抓到，在將他收押之後，警方又緊急組織大量人手來到蓋恩家的柴草房，他們必須盡快將案發現場勘查清楚。經過初步檢查，警方確定，這具被倒掛在柴草房內的屍體就是當天下午失蹤的五金行店主 —— 伯妮絲·沃登。

警方隨即又搜查了蓋恩家的其他房間，屋內的景象讓所有參與調查的警察直冒冷汗。在手電筒微弱的燈光下，警方完全被眼前混亂、恐怖的景象震驚了。蓋恩的屋子裡十分髒亂，屋內的地板上堆放著大量垃圾，顯而易見，蓋恩是一個從來不打掃的人。

警方還在屋內的顯眼處找到了許多被堆放在一起的人類屍骨，這些骨頭被隨意堆在地板上、牆角處。在這些屍骨中，警方還找到了一串用人類頭骨做成的珠鏈，珠鏈打磨得非常精緻。在客廳內，警方還發現了由人皮製作的煤油燈罩、一對護腿和一些放在器皿中的人體器官。此外，警方還發現，客廳內所有沙發上的墊子全都是用人皮製成的。

在蓋恩的臥室內，警方又找到了一些被掛在牆上的人皮面具。透過檢查，警方確認這些面具全都是由整張人臉製成的，顯然，蓋恩應該是先將被害人的臉皮整個剝下，然後再在上面糊上紙，利用處理毛皮的手

法慢慢做成了人皮面具。

有一名警員還在屋內找到了一個棕色紙袋，他打開這個紙袋以後，首先看到的是一些乾枯的棕色毛髮，這名警員想要看看這個袋子裡放的是什麼，於是就抓著這些毛髮將袋子內的東西扯了出來，但他怎麼也沒有想到出現在自己眼前的竟然是一張女人的臉。

警方很快就認出了這張臉，她是當地一家酒吧的老闆，她的名字叫瑪麗‧霍根（Mary Hogan）。在警方的檔案中，瑪麗是在 3 年前的某一天失蹤的，誰也沒有想到她的失蹤竟然和蓋恩有關。這哪裡還是一個人的居所？這分明就是一個惡魔的巢穴！

所有的警探都十分憤怒，他們決定立即對蓋恩進行突擊審訊，但蓋恩始終拒絕回答警方提出的任何問題，他沉默地待在監獄內，不發一言。案發 30 個小時以後，蓋恩突然要警方給他一個塗上奶油的蘋果派，在吃了這個蘋果派以後，蓋恩直接開口說話了，但他只承認殺過兩人，這兩人分別是伯妮絲‧沃登和瑪麗‧霍根。至於警方在他房間內發現的其他屍骨及人皮製品，蓋恩解釋說那都是他用從當地墓穴中偷來的屍體做成的。

愛德華‧蓋恩的那些令人髮指的行為迅速傳播了出去，整個美國都知道了他的事蹟，各大報社的記者蜂擁而來，他們爭相採訪有關蓋恩的一切資訊。是什麼讓蓋恩成為一個惡魔？又是什麼讓他變得如此變態、殘忍？他為何會迷戀、製作那些由人皮、人骨製成的工藝品？蓋恩案件所引發的效應持續發酵，很多作家從他的身上得到了創作靈感，《驚魂記》一書就是在這個時候寫成的，第二年又被拍成了電影，登上銀幕。

犯罪心理側寫專家仔細研究了蓋恩的生活歷史，專家們發現蓋恩從小就有著非常嚴重的戀母情結。蓋恩的母親奧古斯塔（Augusta Wil-

helmine）已經去世 12 年了，儘管過去了 12 年的時間，但是蓋恩還是將奧古斯塔住過的房間完整地保存了下來。警方找到這間房子以後，發現儘管房間內的家具上已經落上了一層厚厚的灰塵，但室內的一切陳設都很規整。顯然，這間屋子就是蓋恩懷念自己母親的唯一去處。

1906 年，愛德華・蓋恩在威斯康辛州拉克羅斯出生，他還有一個哥哥，名字叫亨利（Henry George Gein）。蓋恩的父親經營著一家雜貨店，但他嗜酒如命。蓋恩的母親儘管只是一位家庭主婦，但她有著非常堅定的意志力。蓋恩 8 歲那年，一家人在蓋恩母親的強烈要求下出售了這家雜貨店，然後舉家搬遷到平原鎮居住，蓋恩一家在平原鎮購買了一個 200多畝的農場，全家人都生活在農場中央的那棟兩層小樓裡。

由於蓋恩一家居住的位置偏僻，所以家人們也就很少和外界接觸。這種封閉的家庭環境，讓蓋恩家的氣氛變得越來越奇怪，這種奇怪的關係對蓋恩的影響尤為強烈。蓋恩非常聽他母親的話，在他的心目中，他的母親就是這家人的全部，就是《聖經》中的上帝。蓋恩緊緊跟隨著他的母親，向著未知的方向走去。

蓋恩的母親是一個虔誠到狂熱的宗教信徒，宗教信仰給了她非常堅定的信念，但這也讓她擁有了不容他人反抗的強大控制欲望，蓋恩一家人全部被他的母親所控制，家人的意志也全部以他母親的意志為主導。

蓋恩的母親奧古斯塔還會向家人們宣講《聖經啟示錄》裡面的一些內容，她著重強調女人是邪惡的，她把女人比作陷阱，讓蓋恩堅信女人會透過各種方法傷害其他人。犯罪心理側寫專家認為，蓋恩家可以說就是一個孕育精神疾病的溫床，4 個家庭成員中的 3 個都被控制在那個有著強烈控制欲的女人手中，她所宣傳的歪理邪說在蓋恩的內心中種下了邪惡的種子，逐漸使蓋恩的心理出現了問題。

蓋恩在 14 歲的時候才被允許去學校上學，蓋恩的天分不高，他不算是一個聰明的人，性格孤僻、智商不高的蓋恩只讀到七年級就輟學回家了。從此以後，蓋恩就在自家的農場內工作，他再一次與外面的世界隔絕開來。1940 年，蓋恩的父親因心臟病復發去世，此時蓋恩已經 34 歲，但父親的去世並沒有影響一家人的生活環境，蓋恩一家一如既往地生活著。

　　蓋恩的哥哥叫亨利，他雖然也被母親監管和控制著，但他對生活有著自己的想法，他會盡量做一些能夠讓母親開心的事情，但並不是母親指派的所有事情。1944 年 5 月，亨利在一場火災中失蹤了。

　　警方在調查這件案子的時候，蓋恩很配合，儘管他表示自己也不知道亨利去了哪，但他還是帶著警察迅速找到了亨利的屍體。當時，警方並沒有懷疑蓋恩，在他們看來，蓋恩不可能親手殺死自己的哥哥。於是，警方就將亨利意外死亡一案定成了懸案。

　　亨利遇害以後，蓋恩的家中就只剩下他和母親兩個人了，而他的母親又在這個時候患上了中風。在醫院，蓋恩非常盡心地照顧著母親的飲食起居，他的動作十分小心，就像是在呵護他所擁有的最後一件珍寶。1945 年，蓋恩的母親再次因中風住院，這一次，她沒能從死神手中逃脫。12 月，奧古斯塔去世，在她的葬禮上，蓋恩幾近崩潰，失聲痛哭的他看起來完全就是一個失去媽媽的小男孩。

　　犯罪心理側寫專家認為，儘管蓋恩已經 39 歲了，但他的心智並不健全。蓋恩在他母親的監管下根本不需要操任何「閒心」，而這也讓蓋恩完全喪失了作為一個成熟男人應該擁有的成熟思維。對蓋恩而言，奧古斯塔是他在世上唯一珍惜且被他所「擁有」的珍寶，似乎就在這一瞬間，蓋恩在這世界上所擁有的一切全部消失了，而她的離去進一步加速了蓋恩心理變態的進程。

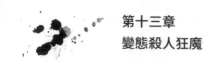

第十三章
變態殺人狂魔

　　奧古斯塔離去以後，蓋恩白天就去平原鎮上幫其他人做一些雜活，他做工的時候都會十分用心，他還很為雇主考慮，雇主付他一美元，他就能做出其他人要兩美元才能達到的效果。因此，當地的人對他所做的工作都很滿意，打零工也成了蓋恩維持生計的唯一出路。

　　蓋恩案發以後，媒體對平原鎮的住戶進行了採訪，採訪的結果讓公眾大吃一驚。蓋恩在平原鎮的居民眼中一直都是一個很好的人，他工作刻苦，對人友善，雖然他總會用很奇怪的眼光注視小鎮上的女人，但他從沒有做過任何出格的事情。蓋恩在小鎮上做工的時候，雇主還常常留他吃午飯。種種跡象都顯示，蓋恩是一個和大家很合得來，再正常不過的青年。

　　犯罪心理側寫專家認為，儘管蓋恩白天表現得很無害，但只要回到家裡，他就要面對沒有母親的生活。對蓋恩來說，沒有母親的生活是不完整的，他無法忍受缺失母親的感覺，這種感覺讓他幾近發狂。也正是在這種病態心理的折磨下，蓋恩的心理問題一步步發展升級，使他最終變成了一個精神病患者。

　　在沒有母親的日子裡，孤獨充斥著整座房屋，沒有任何人能夠和蓋恩溝通交談，也沒有任何事情能夠讓蓋恩從失去母親的悲傷中恢復過來。在這種情況下，蓋恩只能去尋找新的樂趣，以此來轉移自身的注意力。

　　在蓋恩母親的教導下，蓋恩的內心是害怕與人交流的，他還尤其恐懼女人，強烈的孤獨感又不斷地驅使他尋找新的樂趣，蓋恩最終找到了一種奇怪的樂趣來滿足自己。蓋恩開始專門讀訃告，他開始對剛剛死去的人感興趣，蓋恩利用讀訃告的機會來了解死者的發喪日期以及埋葬死者的地點，然後就會在深夜行動，將剛剛下葬的死者挖出來。

　　犯罪心理側寫專家認為，蓋恩偷盜死者的屍體，其實就是用這些偷

來的屍體取代他已經過世的母親，他必須用某些事物替代他的母親，而屍體就是他最初的選擇。也正是這種變態的渴望，一步步引導蓋恩變成一個可怕的魔鬼，但蓋恩到底有沒有吃過死屍或者是否與死屍發生過關係，都需要有進一步的證據來證明。

隨著時間的流逝，折騰死屍已經不能滿足蓋恩內心中病態的欲望，他開始轉移自己的目標，就在這時，他開始頻繁光顧霍根酒館。霍根酒館是當地的一家小酒館，很多打獵歸來的人都喜歡到這喝上一杯，用酒精放鬆一下自己的身體。霍根酒館的老闆娘叫瑪麗‧霍根，她性格放蕩，她粗俗的言語正好符合這些獵人的口味，獵人們還替她取了一個外號，叫做「血腥瑪麗」。

犯罪心理側寫專家認為，蓋恩之所以會選擇瑪麗，完全是因為瑪麗粗魯的言行，當他看到瑪麗的時候，他應該想起了自己母親奇怪又黑暗的某種形象，這種相似的感覺驅使蓋恩將她殺死，並將她的屍體帶回農場，讓她永遠待在那裡陪伴自己。

1954 年 12 月 8 日下午，一位卡車司機來到霍根酒館，他想替自己的女兒買一支冰淇淋，但酒館內的情況讓他感到恐懼。酒館內的地板上有大片大片的血跡，桌椅板凳散落得到處都是，地板上還散落著很多錢幣，而瑪麗卻不見了。這名司機趕緊報了案，但由於當時警方偵破凶案的手段十分有限，瑪麗本人又消失不見了，警方根本無從下手，所以這起案子就被歸為懸案。

犯罪心理側寫專家認為，蓋恩其實是想讓瑪麗變成自己家庭裡的一員，而殺死她就是他將「新娘」帶回家的方式。在蓋恩看來，只有不會說話也不會逃跑的屍體才能永遠地陪伴著他，而他也不用費盡心思和屍體交流，因為他並不善於溝通。

第十三章
變態殺人狂魔

　　1958年1月6日，警方以蓋恩謀殺伯妮絲・沃登將其告上法庭，但為蓋恩進行精神診斷的醫生認為蓋恩患有思覺失調症。蓋恩經常將自己幻想成上帝的使者，他認為自己擁有一種能夠將死屍復活的能力。蓋恩還會用非常平淡的語氣說起一些極其恐怖的事情，這種變態的行為是常人難以理解的。

　　犯罪心理側寫專家認為，蓋恩變成現在這副樣子，主要是受到他母親的影響，一方面，蓋恩是想讓母親重新回到自己的身邊，但另一方面，蓋恩又有著褻瀆屍體的罪惡念頭，也正是這兩種想法的糅合才使得蓋恩做出了殺死女人並褻瀆死者屍體的行為。

　　在舉行聽證會的那一天，記者倫納德就坐在愛德華・蓋恩身邊，當時蓋恩表現得非常恐懼、緊張，他的樣子完全就是一個病態的「小男人」。蓋恩曾與倫納德交流，他多次詢問倫納德法庭會怎麼處置他，在聽證會即將結束的時候，蓋恩甚至一把抓住了倫納德的手，就好像倫納德是陪伴他的母親一樣，倫納德還可以清楚地感受到蓋恩正在顫抖。

　　犯罪心理側寫專家認為，蓋恩的種種表現都證實了他們的猜測，從法律的角度來講，蓋恩是不具備承擔法律責任能力的。當天下午，法官宣布愛德華・蓋恩在法律意義上是無辜的，他不符合接受審判的條件，蓋恩將會被送到美國專門收納患有精神疾病的罪犯的地方，他將在那裡接受關押及治療。

　　1958年3月30日，平原鎮將舉行一場拍賣會，這次拍賣會進行競拍的商品就是愛德華・蓋恩的房子和農場，但就在競拍當天的早上，蓋恩家被一把大火付之一炬，所有「有意思」的事物都消失了。平原鎮的居民們很高興，因為這意味著所有的事情都將塵埃落定，他們再也不用面對蓋恩以及來自世界各地的媒體記者了。

在精神病院，蓋恩表現得很正常，他很安靜，並不與其他人進行交流，但每當滿月的時候，他就會談論女人以及他想對女人做的事情。在談論的時候，蓋恩的眼睛裡還會閃現出一種奇怪的光芒，但滿月的時間一旦過去，蓋恩就會再次恢復正常。

1968 年，醫生認為蓋恩已經具備了承擔法律責任的能力，在經過為期 9 天的審判以後，法庭宣判蓋恩有罪，62 歲的蓋恩將在精神病院接受關押，直至死亡。

犯罪心理側寫專家認為，陪伴蓋恩的只有幻想、孤獨和精神疾病，這造就了他奇特的精神狀態，他也因此跨越了道德底線，成為一名殺人凶手。1984 年 6 月 26 日，愛德華・蓋恩死於呼吸衰竭，終年 77 歲。

【背景知識】天生邪惡？

犯罪心理側寫專家研究發現，很多殺手在孩童時代都被暴力因素所影響著，在那個時候，暴力已經成為他們的選擇。這些殺手在孩童時代，都會表現出欺凌比他們更小的孩子或者攻擊、殺死小動物的行為，有些還會表現出一些不恰當的情緒，比如頻繁爆發的憤怒。縱火、尿床和傷害小動物是犯罪的最初形式，很多殺手在幼年的時候就會透過這些行為來獲得他人或者社會的關注。

美國著名心理學家大衛・萊肯（David T. Lykken）認為，在所有的犯罪者中，僅有很少的一部分是天生具備反社會特質的，大部分的違法犯罪者，尤其是青少年違法犯罪者大都是在模仿年長親屬的行為或者受到其他成年人影響才犯罪的，有些青少年犯罪者則是因為將自我克制視為缺點，才最終導致了犯罪行為的出現。

第十三章
變態殺人狂魔

　　從某種意義上來講，具備反社會行為的犯罪者，在幼年的時候都會具有非同尋常的無懼、無畏等情緒，並且這些人的自我控制能力非常差。出現這種結果的原因其實與父母管教不良或者過於嚴苛、長期虐待孩子、忽視孩子的感受等種種行為有著直接關係。

第十四章

塑膠桶殺手

長期以來，人們對「精神病」這一詞語的理解都有點模糊。在日常生活中，人們通常會將那些做出特別凶惡或變態行為的人稱作「瘋子」或「精神病」。從某種意義上來講，只要作案者的行為是完全沒有理由或者超出常人的理解範圍的，那精神不正常的這個概念就會被用到作案者的頭上。

第十四章
塑膠桶殺手

1999 年 5 月，那天是母親節，黃昏時分，一輛汽車從阿得雷德出發，穿過荒無人煙的鹽平原向北行駛約 150 公里後，來到了澳洲當地一處很出名的小麥種植地 —— 雪鎮。乘坐這輛汽車的是 24 歲的大衛·詹森（David Johnson）和 19 歲的傑米·弗拉薩西斯（James "Jamie" Spyridon Vlassakis）。大衛是傑米的哥哥，傑米是大衛繼母的兒子，但在前一段時間，父親和繼母離了婚，傑米與繼母就搬到了其他地方居住。弟弟傑米知道大衛一直想買一臺便宜一點的電腦，於是他藉此將大衛騙往雪鎮。

雪鎮是一個只有幾百住戶的小鎮，當大衛趕到小鎮的時候，天色已經完全暗了下來。傑米輕車熟路地將汽車開到一棟房屋旁，這棟房屋曾經被一家銀行使用，他和大衛下了車。大衛滿懷期待地和傑米進入這間廢棄的房屋，他絲毫沒有察覺到危險已經悄悄臨近。

兩週後，警方在這座廢棄銀行內找到了大衛的屍體，而在這棟房屋內發現的其他線索也讓警方感到驚駭。犯罪心理側寫專家緊急加入此案的調查之中。

澳洲阿得雷德素有「教堂之城」的美譽，但隨著社會的發展，政府將大量廉價的保障性租住區建在了城市北部，這片區域就成了孕育幻滅感、絕望以及犯罪的溫床。住在這片區域的人大都是領取救助金或者前途渺茫的人。

柯林頓·特雷奇思（Clinton Douglas Trezise）就住在這片區域內，他的童年生活十分慘澹，因為家庭貧困，他經常被寄養在別人家。儘管如此，柯林頓依然十分開朗，他自立自強，喜歡穿顏色漂亮的衣服，追求逍遙快活的生活。柯林頓居住的這個地方靠近飛利浦高速公路，這個地方交通便利，是個尋找機會的好地方。

柯林頓性格友善，他很容易相信其他人。柯林頓搬到新家後沒多久，就有兩名當地人主動找他交朋友，他們分別是巴里・萊恩（Barry Lane）和羅伯特・華格納（Robert Joe Wagner），柯林頓並不清楚這兩個人的底細，但容易相信他人的性格使他迅速接受了這兩名看起來既熱情又友善的「新朋友」。

1992 年 8 月，柯林頓受邀來到位於阿得雷德郊區索爾茲伯里北部的一棟房子內，「朋友們」為他端來瓜果，然後留他一個人待在客廳內看電視。正當柯林頓看得入迷時，一名陌生人用一把鐵鍬從背後襲擊了他。

這名襲擊者用鐵鍬將柯林頓擊倒在地，他的力量很大，一下就讓柯林頓撞在地板上的前額破裂了。柯林頓倒地之後，襲擊者又連續揮動鐵鍬，在他的後腦勺上擊打了六七下，這幾次攻擊將柯林頓的後腦顱骨打得粉碎，柯林頓當場死亡。凶手殺死柯林頓以後，一邊待在客廳內看電視，一邊召集他的同夥羅伯特・華格納和巴里・萊恩。

隨後，這夥人開車將柯林頓的屍體帶到鄉下的農田中，他們在這挖了一個淺坑，用來埋葬柯林頓的屍體。柯林頓遇害後不久，他的姐姐就向警方報了案，但警方並沒有重視這起案子，他們甚至沒有將柯林頓歸到失蹤人口檔案中。一直到 3 年後，柯林頓的母親再次向警方報案，警方這才立了案。

殺死柯林頓的凶手是一個患有精神疾病的矮壯中年人，他叫約翰・邦亭（John Justin Bunting）。約翰和他的妻子維羅妮卡（一個有著視力障礙的半盲女人）一直居住在索爾茲伯里路旁的一棟民居中。專家仔細研究了他的童年經歷，發現約翰在小的時候非常喜歡虐殺小動物，他會使用一些帶有腐蝕性的化學物品製成腐蝕溶液，然後將抓來的小動物、小昆蟲丟進腐蝕溶液中，看著這些生物痛苦嘶鳴著死去。

約翰還嘗試著在自己家裡挖地道，但這一行為被他的父親阻止了。後來，約翰開始信奉納粹主義，他又先後做出更多更荒誕的行為。犯罪心理側寫專家認為，約翰之所以會做出這些行為，主要是因為他對戀童癖或者同性戀有一種奇怪的敵意，而且他還不能分辨出這兩者之間有什麼區別。

華格納同樣是一個問題少年，他識字很少，經常四處惹禍，輟學以後，華格納就成了一個專職小混混。華格納的繼父非常嚴厲，他信奉「棍棒底下出孝子」，經常武力教育華格納，但也正是這種過激的管教方式讓華格納變得更加叛逆。華格納在四處廝混的時候遇到了巴里，巴里是一個慣竊。

約翰將華格納、巴里以及另一個小混混 —— 馬克·海頓（Mark Haydon）聚集在一起。馬克平時寡言少語，他深受約翰思想的毒害，是約翰十分忠心的手下。4 個人經常聚在一起集會，約翰會在集會的時候宣揚他的變態思想，這些人都被約翰有關殘忍和復仇的說教所蠱惑，以至於這些人最終變成了令人聞風喪膽的變態連環殺手。

1994 年 8 月 16 日，兩名農夫在阿得雷德市區外 50 公里處的一塊荒地上發現了一個破碎的人類頭骨和一些人體其他部位的骨骼。當時，警方的科技還不能夠確認死者的真實身分，直到柯林頓遇害的第 5 個年頭，警方才終於透過科技手段確認了死者的身分，他就是柯林頓。

這時，約翰又控制了伊莉莎白·哈威（Elizabeth Harvey），伊莉莎白剛剛與丈夫馬庫斯·詹森離婚。離婚後，伊莉莎白帶著兒子特洛伊·尤德（Troy Youde）和傑米·弗拉薩西斯搬到索爾茲伯里居住，也就是在這裡，她加入了約翰的邪惡組織。

傑米和特洛伊在小的時候都曾經遭到生父的性虐待，每當特洛伊被

生父性虐待以後，他就會找到傑米發洩，對比他更小的傑米實施性虐待。約翰很快就控制了傑米，而傑米也成了約翰實施殺人計畫的一個新「工具」。

26 歲的雷·戴維斯（Ray Allan Peter Davies）租住在距離索爾茲伯里路不遠處的一輛拖車內，患有輕度智力障礙的他只能依靠政府發放救助金生活。1995 年的一天，女房東蘇珊妮（Suzanne Allen）突然衝到雷的拖車前，大聲指責雷侵犯了一名未成年女孩，而且這個女孩還是蘇珊妮的晚輩。儘管雷很努力地進行解釋，但蘇珊妮還是決定對他實施報復。

隨後，蘇珊妮叫來了鄰居約翰，讓他好好教訓一下雷。對約翰來講，這是一個難得的殺人機會，他和華格納先把雷捆起來裝進汽車後車廂，然後驅車來到一個荒無人煙的小樹林。在這片林子中，雷被痛毆了一頓，但事情還沒了結。約翰又將受了重傷的雷帶到自己家，在浴室中進一步折磨他。

雷最終被這夥人活活折磨死，約翰又和華格納將他的屍體埋到 203 號廢棄房屋後面的一個淺坑中。這個淺坑是事先挖好的，約翰早就做好了殺死雷的準備。雷的死並沒有引起任何人的關注，沒有一個人能夠想到他，也沒有人向警察局報案。

蘇珊妮被約翰迷住了，她和約翰發生了性關係，但約翰不僅已經有了妻子，還有伊莉莎白做情人，所以約翰有些應付不來。蘇珊妮總是糾纏約翰，她反覆地寫情書給約翰，邀請約翰共進晚餐或者留宿在她家。蘇珊妮的行為讓約翰感到厭煩，這種厭煩對蘇珊妮來講是致命的。

1996 年 10 月，蘇珊妮·艾倫失蹤了。蘇珊妮的家人報了警，警方派了兩名警員趕到蘇珊妮家查看情況，但在這沒有發現任何可疑的跡象，所以警方只好將她列到了失蹤人口名冊上，並沒有進行進一步的調查。

事實上，蘇珊妮的屍體早已被約翰和華格納處理掉了，他們先將蘇珊妮分解成碎塊，然後再把她裝到垃圾袋裡，最後將垃圾袋埋到了約翰家的後院。

約翰被捕以後，曾向警方謊稱，當他們發現蘇珊妮的時候，蘇珊妮已經死於心臟病突發，他們並沒有殺害她，肢解並隱藏她的屍體，只是為了更加方便地代領本屬於蘇珊妮的政府救濟金。1996 年，約翰和伊莉莎白以及伊莉莎白的兩個孩子一起搬到了位於默里布里奇的一棟住宅內居住，這裡距離他原來的居所大約有 100 公里。

雖然約翰從索爾茲伯里路搬走了，但他依然和華格納保持聯絡。犯罪心理側寫專家認為，對這兩個變態殺人狂而言，能夠將他們連繫在一起並且產生共同話題的事情，無非就是關於如何殺人或者殺誰的問題，這兩個人一直都被殘殺他人的欲望驅使著，殺人也是他們唯一的樂趣。

約翰告訴華格納，他在自己家的牆壁上繪製了一份殺人清單，他將這份清單稱為「滿牆蜘蛛」。犯罪心理側寫專家認為，這份清單上的所有名字都將成為約翰謀殺的對象，這些人都是約翰心目中曾經威脅或侵犯過兒童的熟人，他經常在這份清單中挑選一個人，撥通這個人的電話，在電話裡大聲辱罵發洩一番。

1997 年春，約翰再一次準備出手，這次他選中了麥可。麥可‧伽緹納（Michael Gardiner）是一名公開的同性戀，因為他的性取向非主流，所以他的繼父十分討厭他，直接將他送進了兒童福利院。麥可在 14 歲的時候就被他人性虐待，這使得他更加確認自己的同性戀性向。成年以後，麥可搬到了索爾茲伯里路居住，在這他和華格納成了鄰居。

女房東妮可（Nicole Zuritta）的表姐妹是華格納的妻子，也住在這片區域，麥可很快就和這些人成了朋友。有一天，華格納和妻子從外面回

家，他們發現孩子們正和麥可在一起玩耍，麥可突然衝上去用手摀住了孩子的嘴，他的這種動作在華格納眼中是十分危險的，也因此對麥可懷恨在心。

這件事發生後不久，女房東妮可外出度假，華格納趁機找來約翰，兩人一起虐待殺害了麥可。警方還原了麥可遇害時的場景，華格納和約翰先用繩子捆住麥可，然後把他運到約翰家的車庫內。

在這裡，華格納用繩子狠狠地勒住麥可的脖子，約翰則一邊欣賞麥可痛苦掙扎的表情，一邊對著他大吼大叫。就這樣，麥可被華格納用繩子勒死。他死後，約翰和華格納又將他的四肢砍掉，然後將麥可的碎屍丟到車庫內的一個大型塑膠桶內，約翰還事先在這個塑膠桶中放滿了酸性液體。

處理掉麥可的屍體以後，約翰又和華格納回到麥可的房間，他們四處搜尋麥可的財物，然後在房間內製造入室行竊的假象，希望能夠藉此轉移警方的注意力。但誰也沒有想到，麥可的失蹤並沒有引起任何人的注意，隨著時間的流逝，就連女房東妮可也忘了這件事情。

在約翰制定的殺人名單中，巴里一直處在非常靠前的位置，如果不是因為他和華格納有關係，約翰早就對他下手了。但是現在，巴里又找到了一個新的同性戀人——湯瑪斯·克里威廉（Thomas Eugenio Trevilyan），這讓約翰再次對他產生了殺念。在準備殺死巴里之前，約翰還事先準備了一個錄音設備，他想要將被害人遭受凌虐時發出的聲音錄下來。約翰還準備在玩弄被害人的時候，強迫被害人打電話給家人，聲稱自己將要離開一段時間，以此來為約翰的整個犯罪行動做掩護。

湯瑪斯是一個智能障礙者，他也加入了這次行動。約翰借用湯瑪斯的身分闖進了巴里的房間，一夥人將巴里制服住，把他捆在臥室的床

上,使用各種方法拚命折磨巴里,在巴里不堪忍受的時候又強迫他和家人通電話。打完電話以後,約翰繼續折磨巴里,還逼問出了巴里的提款卡及保險箱密碼。

等到約翰將一切都弄清楚後,他就讓華格納勒緊套在巴里脖子上的繩索,直接將巴里勒死了。殺死巴里以後,這夥人僅用一張毯子遮住他的屍體就離開了。幾天後,這夥人才將巴里的屍體運出去,在殺死麥可的地方以同樣的方法將巴里的屍體處理掉。

巴里遇害 10 天後,他的一名朋友向警方報了案,但因為巴里在遇害前曾與家人通過電話,聲稱自己要去昆士蘭居住一段時間,所以警方就沒有進一步調查這件案子。殺死巴里後沒過多久,湯瑪斯就搬到了華格納家居住。湯瑪斯非常迷戀軍用物品,他口無遮攔,非常喜歡和別人說話。約翰和華格納對此十分反感,為了保證他們所做的惡行不被湯瑪斯洩露出去,兩人決定殺死他。

約翰和華格納利用湯瑪斯有精神障礙這一特點,故意製造了他自殺身亡的假象。兩個人先將湯瑪斯挾持到阿得雷德附近的一座山上,然後將湯瑪斯吊死在山頂的樹上。在挾持湯瑪斯的時候,約翰和華格納都很小心,他們沒有在湯瑪斯身上留下任何外傷,這也讓警方一直相信湯瑪斯是自殺身亡的。

時間到了 1998 年,此時,傑米和他的媽媽伊莉莎白依舊和約翰住在一起。但是現在,傑米又迷上了海洛因,他不僅自己吸食,還邀請了另一名吸食者 —— 嘉文·波特(Gavin Allan Porter)一起吸毒。嘉文是一個患有精神障礙的年輕人,他在傑米的邀請下搬到了約翰家居住,兩人經常在一塊吸食海洛因,但他們並不知道自己的這種行為早已觸怒了約翰。

犯罪心理側寫專家認為，在連續多次作案成功以後，約翰的自信心早已膨脹起來，他不僅開始改變作案過程，而且還要擴大「狩獵」範圍，只殺害同性戀或戀童癖者已經不能滿足他日益膨脹的病態心理，現在，他又將目光放在了吸毒者身上。

約翰「大方」地原諒了自己的追隨者傑米，但他不能原諒嘉文。在殺害嘉文之前，約翰還設法從他的口中問出了提款卡的密碼，然後才決定對他下手。犯罪心理側寫專家推測，嘉文遇害的時候，傑米應該不在家。當時，嘉文正在一輛汽車的後排座上睡覺，約翰帶著華格納悄悄打開了車門，華格納把一個繩套套在嘉文的脖子上，儘管嘉文不斷掙扎，但他還是被活活勒死了。

殺死嘉文以後，約翰就將他的屍體搬到了房子後面的車棚中，這裡已經放了兩個大塑膠桶，現在又有第三個塑膠桶被放進屍體。傑米回家以後，約翰將他帶到車棚內，他用嘉文和其他被害人的屍體恐嚇傑米，傑米在約翰的淫威下選擇屈服，他幫助約翰冒領嘉文的救濟金，盜刷嘉文的信用卡。

1998 年 8 月，約翰準備讓敏感、膽小的傑米也品嘗一下殺人時的滋味，這樣一來，傑米才能徹底融入他的組織。約翰認為，既然傑米的生父和他的親哥哥都曾對他實施過性侵，那麼就可以對他們下手。

一天早上，天色還沒亮的時候，約翰一夥人就帶上作案工具來到傑米哥哥特洛伊的臥室內。傑米、華格納以及約翰瘋狂地毆打尚在睡夢中的特洛伊，將特洛伊打殘以後，這夥人又將他抬到浴室，放到浴缸中進行新一輪的折磨。

約翰在折磨特洛伊的時候還故意錄下了特洛伊痛苦掙扎時發出的慘叫聲，他放肆地欣賞著特洛伊拚命掙扎時做出的各種痛苦表情。凌虐過

程結束以後，約翰才允許華格納用繩索勒死特洛伊。在處理特洛伊的屍體之前，約翰還讓傑米用腳踢特洛伊的屍體，然後讓他將特洛伊的屍體搬到房屋後面的車棚內。傑米雖然對殺人這件事很反感，但他還是心安理得地冒領了本屬於特洛伊的救濟金，他用這筆錢購買了海洛因。

犯罪心理側寫專家認為，此時，約翰已經逐漸進入失控狀態，他就像一頭狂暴的鯊魚那樣，瘋狂而又毫無理性，他隨時都可能會殺人，而待在他身邊的同夥很可能就會成為他的下一個殺害目標。

1998 年 9 月，約翰又瞄上了一名無辜者，這個人叫弗雷德·布魯克斯（Frederick "Fred" Robert Brooks）。約翰之所以選擇他，完全是因為這個人非常容易得手。約翰安排傑米將弗雷德帶回家，他準備在這裡殺死弗雷德。弗雷德被折磨了好幾個小時，約翰先把弗雷德的外衣脫掉，然後用皮鞭狠狠地抽打他赤裸著的身體。

殺死弗雷德之後，這夥人又將他的屍體帶到馬克·海頓在阿得雷德郊區買的一座房子內，在此之前，這夥人已經將其他裝有屍體的塑膠桶全部搬到了這裡，這裡也成了他們處理屍體的新巢穴。處理好弗雷德的屍體以後，這夥人又冒領了死者的社會保障金，但他們並不知道，警方正在調查冒領社會保障金這件事。

犯罪心理側寫專家認為，弗雷德遇害以後，約翰選擇被害人的標準已經不再受限於性變態者或有過劣跡的人了，他開始隨意挑選殺害對象，只要這些人易於得手，能夠滿足他變態的殺人欲望即可。

1998 年 10 月，約翰和傑米坐在汽車內聊天，就在這時，29 歲的青年加里·奧德懷爾（Gary O'Dwyer）一瘸一拐地從馬路中央穿過。加里是一起重大車禍的受害者，他現在只能靠著政府發放的救助金生活。加里滑稽的走路姿勢讓傑米和約翰捧腹大笑，對約翰來講，這個殘疾的年輕

人就是他下手的最佳目標。

　　約翰在打聽了有關加里的資訊之後，就決定主動去拜訪他。約翰帶著華格納和傑米來到加里家，他們坐在客廳裡喝酒說笑。突然，約翰站起身，這應該是一個事先約好的信號，華格納立刻衝到加里背後，他緊緊抓住加里的脖子，將加里按倒在地。隨後，這夥人拚命地折磨加里，他們用殘忍的方法從加里口中得到了他社會保險救助金的資料。

　　整個折磨過程都被約翰錄了下來，他似乎非常喜歡聽被害人遭受痛苦時發出的慘叫聲，約翰在滿足了自己的欲望後，就讓華格納將加里活活掐死了。這夥人故技重施，他們把加里的屍體切割，裝進事先準備好的塑膠桶內，並將這個塑膠桶運到他們存放屍體的窩點內。

　　加里遇害後不久，約翰發現馬克‧海頓的妻子伊莉莎白‧海頓（Elizabeth Haydon）似乎知道他們謀殺柯林頓的事，約翰決定讓海頓太太永遠閉上嘴。加里遇害一個月後，馬克‧海頓和朋友們一起外出，但是他卻把他的妻子一個人留在了家裡。約翰利用這個機會潛入馬克家，他們用手銬將海頓太太銬住，然後把她拖進浴室內的浴缸中，這夥人在這裡拚命毆打海頓太太。

　　期間，約翰還將一隻襪子塞進海頓太太的口中，然後在她的嘴上貼上膠帶，華格納則用繩子勒住海頓太太的脖子，海頓太太被他活活勒死了。殺死海頓太太之後，這夥人用同樣的方法處理了她的屍體。海頓太太失蹤72個小時後，她的哥哥向警方報了案。這一次，警方的行動很迅速，立案後不久，警方就調查了馬克‧海頓，雖然沒有證據指認馬克就是殺死妻子的凶手，但警方的懷疑讓這夥歹徒變得非常不安。

　　約翰決定將藏屍桶轉移到其他地方，他事先說服了一個不知情的朋友，然後迅速將這些塑膠桶運到了約翰的朋友家，為了掩蓋從桶中傳出

來的惡臭，約翰還謊稱這些桶內裝的是袋鼠屍體，毫不知情的友人這才允許約翰將這些散發著劇烈惡臭的塑膠桶暫時放在他家。

1999 年 1 月，警方來到馬克家做調查，他們在一間棚屋內發現了異常。這間棚屋就是約翰存放屍體的那個房間，儘管約翰事先已經將盛放屍體的塑膠桶弄走了，但這間屋子裡卻一直有一股濃烈的屍臭味，一名警探聞出了異常，警方馬上就用「魯米諾」對這間房子的地面進行了仔細檢查。檢查結果顯示，這間屋子的地板上確實有血液噴濺的痕跡。警方隨即又跟蹤了馬克的汽車，他們希望能夠在這輛陸地巡洋艦中找到新的線索。

在隨後的調查中，警方發現海頓太太失蹤案與其他 3 起失蹤案有關聯，這讓警方更加重視這起凶案，警局再次加大了對此案的調查力度，增派了大量警力參與此案調查。就在警方努力調查的時候，凶手也正在重新轉移藏有屍體的塑膠桶。為了存放這些塑膠桶，約翰還在雪鎮租下了一棟獨立房屋，這棟房子曾經是一家銀行的營業廳。約翰將這裡當作存放這些塑膠桶的新基地。

藏好塑膠桶後，約翰再一次變得有恃無恐起來，他警告警方不要再去打擾他，否則他就會以警方頻繁騷擾他為理由，把警局告上法庭。隨後的 3 個月，警方果然沒有再找上門來，這讓約翰誤認為調查的風頭已經過去，他殘忍的欲望再次萌動，他準備再次殺人。

約翰很快就選好了謀殺對象，這個即將被殺害的人就是 —— 大衛・詹森，他也是這宗連環謀殺案的最後一名受害者。大衛是一個良好青年，他從來都沒有觸犯過法律，但是就因為他與傑米有關係，傑米對他的狀況、性格又非常了解，所以約翰才將他當作新的殺害對象。

約翰讓傑米將大衛誘騙到雪鎮，大衛絲毫沒有察覺到自己的弟弟正

將他推向死神。大衛一進門，就被華格納和約翰按倒在地，這夥人先狠狠地打了大衛一頓，然後又從他的口中逼問出了提款卡密碼。最後，約翰又在電腦上打出了一些字，讓大衛照著電腦上的字讀，並將大衛讀的內容錄了下來。

做完這些以後，約翰讓華格納帶著傑米出去取錢。這時，屋內只剩下約翰和大衛兩個人。大衛覺得自己可能凶多吉少，於是他奮起反抗，拚命用身體撞擊約翰，約翰被大衛撞了四五下，他的肋骨都被撞折了好幾根，但由於大衛的雙手一直被繩子捆得很緊，所以他很快就被約翰擊倒在地，憤怒的約翰抽出大衛的皮帶，用這根皮帶將大衛活活勒死。

等到華格納和傑米回來的時候，大衛已經死了，華格納因為約翰擅自殺死大衛而大發雷霆，他和約翰大吵了一架，但隨後他們兩個又被分割大衛屍體這件事轉移了注意力。

就在約翰殺人的同時，警方也在不斷地搜集有關凶案的證據，警局一直在查找那輛陸地巡洋艦的蹤跡。很快，警方就在雪鎮找到了這輛汽車。當時，這輛汽車就停在那家廢棄銀行外邊，警方隨即申請了搜查令。

在這家廢棄銀行的保險庫內，警方發現了許多巨大的黑色塑膠桶，而這些桶內放的就是被害人的屍體。1999 年 5 月 20 日，警方在這些塑膠桶中一共發現了 8 名被害人的屍體。隨後，這些盛放屍體的黑色塑膠桶被運到了阿得雷德，警方邀請了解剖學教授艾希‧亨利博多幫忙鑑定這些屍體的身分。這件事情一經報導就在澳洲引起了軒然大波，媒體將這起凶殺案稱為「桶內屍體謀殺案」（Bodies in the Barrels Murders），人們談之色變。

凶手在每個盛放屍體的塑膠桶內都注入了大量強酸，在他們看來，

第十四章
塑膠桶殺手

這樣做就能將屍體上殘留的證據全部消除，但事實上，這夥凶徒用錯了強酸，被他們注入塑膠桶內的液體是鹽酸，這種強酸並不能很好地溶解人體肌肉組織，鹽酸只能將屍體內的水分析出，這讓死屍看起來像是一具風乾的木乃伊，但這也保證了警方可以透過死屍確認死者的身分，如果凶手使用的是硫酸，那死者恐怕早已化成一攤血水了。

犯罪心理側寫專家認為，透過被害人慘遭破壞的屍體就不難看出行凶作案的凶手是多麼凶殘，這些人可以隨意地肢解被害人的屍體，將被害人當作取樂的玩具，說明凶手的內心是極度扭曲的。對一名連環殺手而言，假設純粹的殺人行為不能夠讓他獲得滿足，那麼殺手就會以虐待被害者、肢解被害人屍體、收藏被害人的殘肢甚至吃掉被害人身上的肉等行為來獲得比殺人更加強烈的滿足。

凶手的這些行為是一個漸進的過程，在最開始，凶手會直接殺死被害人，慢慢地，凶手就會透過各種手段折磨被害人，並形成一套固定的殺人模式。如果折磨也不能滿足凶手，那他們就會肢解、儲存或者收藏被害人的屍體，最後凶手就會化身成一名吃人惡魔，殘忍又極其噁心地吃掉被害人身上的肉。

塑膠桶內的屍體已經向警方說明了一切，警方馬上展開行動，幾乎全部外勤警員都參與了此次逮捕行動。警員們被分配為 3 個行動組，每一組有兩個小隊，一隊負責搜查，一隊負責抓人。逮捕行動進展順利，馬克·海頓、羅伯特·華格納以及約翰·邦亭全部落網歸案，警方隨即以蓄意謀殺的罪名將 3 人告上法庭。

與此同時，傑米也被警方收押，他很快就同意與警方合作，6 天後，傑米將他知道的一切和盤托出，希望這樣可以爭取到寬大處理的機會。傑米還帶領警方找到了埋藏雷以及蘇珊妮屍體的地點，警方在這裡找到

了這兩名被害人的屍體。隨後，警方又確認了柯林頓的死與該作案集團有直接關係。

傑米的母親伊莉莎白在進入法庭接受審判之前死於癌症，傑米也就不需要再對她進行保護，因此，他又將伊莉莎白犯下的罪行說了出來。在審判馬克·海頓、羅伯特·華格納、約翰·邦亭的時候，傑米作為汙點證人向法官提交了很多有力的證據，最終法庭認為傑米依然有罪，應被處以終身監禁，並且在 26 年內都不得假釋。

馬克·海頓、羅伯特·華格納、約翰·邦亭 3 人因涉嫌 12 起謀殺案而被送到南澳洲高級法院受審，起初，3 人全部否認警方提交的所有指控，但後來，華格納最先在如山鐵證面前敗下陣來，不過約翰和馬克兩人卻一直都不肯認罪。

2005 年 5 月，經過 11 個月的漫長審判之後，終審判決公布。法庭宣判馬克·海頓涉嫌殺死自己的妻子伊莉莎白·海頓以及特洛伊·尤德的兩項指控成立，馬克必須在監獄中服刑 25 年，並在 18 年內不得假釋。法庭判處約翰犯有 12 項謀殺罪，他必須在監獄中服刑至死，終身不得假釋。羅伯特·華格納也被判有罪，他同樣要在監獄中服刑至死，終身不得假釋。

儘管惡魔已經伏法，但他們留給世人的傷痛卻永遠也不會消失，在澳洲這個沒有死刑的國家，終身監禁這種判決對約翰這樣的人而言，實在是太過仁慈了。但是，澳洲司法機構也只能用終身監禁來為被害人申冤，願他們可以得到安息。

第十四章
塑膠桶殺手

【背景知識】法律意義上的精神異常殺手

　　長期以來，人們對「精神病」這一詞語的理解都有點模糊。在日常生活中，人們通常會將那些做出特別凶惡或變態行為的人稱作「瘋子」或「精神病」。從某種意義上來講，只要作案者的行為是完全沒有理由或者超出常人的理解範圍的，那精神不正常的這個概念就會被用到作案者的頭上。

　　比如：有些殺手會在殺人後吃掉被害人的生殖器，有些則食人肉，還有些喜歡收藏人體器官，這些殘忍、罕見又變態的病態殺手行為給世人的第一感覺就是「這個人是個精神病」，但事實上，很多做出類似惡行的殺手都會被法庭定罪，因為他們並不屬於法律意義上的「精神不健全者」。

　　「健全」與「不健全」這種術語其實是法律意義上的一種常用語，「健全」的意思就是表明當事人能夠明辨是非，理解其行為的本質。而大多數患有精神疾病的人其實並不是完全脫離現實，因此其並非時時刻刻都是無法辨別是非的。所以說，在法律意義上的精神不健全者是非常罕見的。如果警方或者法庭可以用證據證明患有精神病的凶手在作案時是能夠明辨是非，有著清晰邏輯思維的，那麼他就應當承擔法律責任，為自己犯下的罪行負責。

第十五章

夫妻檔殺手

 從某種程度上講，有部分性犯罪連環殺手對性的誤解源於他們的童年生活，這部分連環殺手的母親或者女性長輩的行為（可以是殘酷對待孩子的行為或者過於糜爛的性生活）讓他們對女性這個族群產生了蔑視或者仇恨的情感。

第十五章
夫妻檔殺手

在位於法國與比利時交界處的亞爾丁高地上，到處都分布著植被繁茂的森林。這些森林讓這片區域的自然風光變得十分優美，只是這片高山深林也成了隱藏罪惡的絕佳場所。法國犯罪史上最著名的夫妻檔殺手就將這裡作為他們的作案基地，這對連環殺手在城鎮內挑選被害人，一旦被害人上鉤，他們就會在滿足了殺戮和性慾後將其殺死，然後將被害人的屍體丟進深林。

這對夫妻檔惡魔殺手的犯罪手法非常獨特，他們很好地挖掘並利用了被害人的善意，由於這對夫妻檔殺手的作案手法非常老練，他們也善於自我偽裝，使得法國警方一直弄不清楚他們的真實身分，以至於這對夫妻檔殺手在長達 18 年的作案生涯裡，先後姦殺了 8 名女孩。這種特殊又變態的凶案勾起了犯罪心理側寫專家對這對夫妻檔殺手的興趣，專家們決定還原真相，並希望可以藉此走進這對夫妻檔連環殺手的內心世界。

17 歲的少女伊莎貝爾·拉威爾（Isabelle Laville）放學後徑直向家的方向走去，她通常都是步行走回家的，這次也不例外。當她在馬路上快步行走的時候，一輛汽車慢慢停到她的身旁，坐在車內的一位婦人親切又熱情地向伊莎貝爾打了招呼，在得到伊莎貝爾的回覆之後，她就開口詢問小鎮上的加油站到底在哪個地方。

伊莎貝爾仔細打量了這輛車，車內只有一男一女兩個人，他們看起來像是一對需要幫助的和善夫妻，兩人的長相溫和且很有禮貌。眼前的境況讓伊莎貝爾放鬆了警惕心，她禮貌地和婦人說起了話，在得知這對夫婦不是本地人以後，伊莎貝爾還是接受了這對夫妻的邀請，她願意乘坐這對夫妻的汽車，親自帶她們去加油站。

不幸的事情很快就要發生了，這輛汽車的主人就是法國最臭名昭著

的夫妻檔殺手——莫妮克‧奧利維爾（Monique Olivier）和米歇爾‧富爾尼雷（Michel Fourniret）。犯罪心理側寫專家認為，在整個誘騙過程中，莫妮克一直都扮演著最重要的角色，正是因為有她這樣一位婦女待在車裡，伊莎貝爾才會放鬆警惕，同意上他們的汽車。可以說，莫妮克才是米歇爾實施一系列強姦殺人計畫的中心，沒有莫妮克，米歇爾根本就不可能在連續作案的情況下還能屢次逃出法網。

伊莎貝爾失蹤了，警方接到報案後馬上就著手偵查。在偵查的過程中，警方懷疑綁架伊莎貝爾的是另一名積年連環殺手，這個人的名字叫做埃米爾‧路易士（Émile Louis），他曾經多次在伊莎貝爾失蹤的地方作案，警方四處張貼嫌疑犯埃米爾的畫像，讓居住在這裡的人們提高警惕並四處搜集有關埃米爾的資訊，但這個連環殺手並不是綁架伊莎貝爾的人。

19 年後，伊莎貝爾的屍體才在接近歐塞爾的一個小村莊內的井底被人們發現，而她也是法國夫妻檔連環殺手的首個被害人。犯罪心理側寫專家推測，在莫妮克引誘信任她的女孩們的時候，米歇爾就藏在一邊，他會暴起發難，快速攻擊這些被誘騙到車內的女孩，等到控制住局面以後，米歇爾還會對女孩實施性侵，然後將被害人殺死。

這樣的殺人模式將會一直被這對夫妻檔連環殺手所沿用，他們首先會扮演成一對面目和善的夫妻，然後利用孩子們樂於助人的天性，將想要幫助他們的「獵物」騙上車。在孩子們的心目中，女性都是富有愛心的和善人物，是可以被信任的對象，所以每當莫妮克尋求幫助的時候，樂於助人的孩子們一般都會選擇相信她。

在這一系列連環姦殺案後期的幾起案子中，莫妮克和米歇爾還會利用他們剛剛出生不久的兒子來使受害者放鬆警惕，並最終將受害者誘騙

到他們的汽車上。犯罪心理側寫專家發現，米歇爾的性變態行為早在 1960 年代時就已出現，當時他只有 24 歲。米歇爾因為猥褻一個小女孩而被警方逮捕，在此期間，一名精神病專家得出了米歇爾可以透過治療避免再次作案的結論。這一結論讓米歇爾在服刑 6 年後順利獲釋，此後他就開啟了為期 18 年的變態殺人之旅。

犯罪心理側寫專家認為，很多犯罪者尤其是性犯罪者往往會在犯罪後開啟「學習模式」，他們會在再次作案前完善他們正在使用的作案方法。當作案者以一種特定的方式犯案被捕後，他就會想辦法改良這種存在漏洞作案方法，避免自己再以同樣的方式被警方抓捕，米歇爾是這類性犯罪者中的一個典型。

米歇爾是一個個性冷酷且精於算計的人，他在獄中服刑的時候，就已經意識到想要重新作案而不被警方逮捕，那就需要一名女性和他一起犯罪。現在的問題是，米歇爾又該如何獲得一名願意與他一起犯罪的女同夥呢？

米歇爾想到了一個辦法，他在報紙上刊登廣告，廣告詞非常直白地表明了他的身分是一名囚犯，他表示自己現在很寂寞，如果有人願意與他交往，那就請與他聯繫。犯罪心理側寫專家認為，在某些特定的情況下，有部分女性會被關在監獄中的男人所吸引，這些男人散發出來的危險氣息和風險性就是這部分女性想要得到的。從另一方面來講，一些在生活中失意的女性還會在他人的慫恿下以與囚犯交往的方式來顯示自己的個性，並藉此吸引其他人的注意力。

莫妮克就是在這種情況下與米歇爾結識的。當時，米歇爾還在蹲監獄，他們兩人就透過書信溝通交流。米歇爾寄給莫妮克的信都飽含愛意，這些充滿愛意的信件將莫妮克迷得神魂顛倒。莫妮克曾經結過兩

次婚，在上一次的婚姻中，她的虐待狂丈夫馬克曾瘋狂地傷害過她的身體。

米歇爾在信中向莫妮克許諾，等到他出獄後，一定要讓馬克嘗一嘗被虐待的滋味。米歇爾還宣稱，像馬克這樣的人渣丈夫早就應該為他所犯下的罪行贖罪了。米歇爾還在信中表示，他會幫莫妮克殺死馬克，不過，殺死馬克是有條件的。

莫妮克在米歇爾還在蹲監獄的時候就和他結了婚，米歇爾答應莫妮克，他會找機會殺死馬克，但在此之前，莫妮克就要聽從他的安排，幫他誘騙一些可供侵犯的年輕女孩。米歇爾出獄後，就和莫妮克搬到了法國歐塞爾地區定居。在這兒定居後不久，這對邪惡的夫妻檔連環殺手就著手實施了他們殺人生涯中的首次謀殺。

犯罪心理側寫專家經過調查發現，在實施首次謀殺的過程中，莫妮克會在米歇爾性侵被害者的時候旁觀，她需要假扮成一個目睹作案全部過程的路人甲。罪行結束以後，莫妮克還會在臥室中將米歇爾一手操作的事情演出來。在表演的過程中，米歇爾和莫妮克都會因為這個表演中呈現出來的暴力和謀殺橋段而達到性高潮。

犯罪心理側寫專家認為，這兩個邪惡的人正是透過這種方式才得以沉浸在只有彼此的世界中，兩個人才能一直維繫這種殺人夫妻搭檔的關係。從某種意義上來講，米歇爾和莫妮克都為另一方提供了強而有力的邪惡助攻。假設這兩個人沒有遇到，那麼他們很可能永遠都不會殺人。

在蹲監獄的時候，米歇爾認識了一個名叫讓—皮埃爾·赫洛葛羅奇（Jean-Pierre Hellegouarch）的囚犯，這個人是一個銀行搶劫犯。有一次，讓向米歇爾吹噓，他曾將一些搶來的金幣藏在巴黎北部的一處森林中。米歇爾一直都惦記著那些被讓藏起來的金幣，在他看來，這些金幣可以

改變他的人生。出獄以後,米歇爾和莫妮克設法找到了讓的妻子法麗達(Farida Hammiche),兩人介入到法麗達的生活中,並迅速與法麗達結成同盟,三人相約一同尋找寶藏並均分找到的金幣。

犯罪心理側寫專家認為,金子可以讓米歇爾迅速致富,找金子是這個集團的新目標,而法麗達就是他尋找金子的「工具」,但這個三人尋寶團是很不穩定的,米歇爾不可能和其他人均分這些財產,更何況米歇爾是一個完全缺失人類正常情感的人,他根本就是在用謊言欺騙法麗達。一旦找到金子,法麗達的價值也將會消失,失去利用價值的她最有可能的結果就是被米歇爾殺死。

法麗達很相信米歇爾,她盡心盡力地幫助米歇爾,努力搜尋了一週之後,這個集團最終在巴黎北部的國家公園內找到了讓埋藏的金子。這些金子很難脫手,米歇爾和法麗達花了兩年的時間才在布魯塞爾找到了一位買家。這些金子一共換了 120 萬法郎,相當於今天的 100 萬英鎊。

得到這筆錢以後,米歇爾和莫妮克在亞爾丁高地與比利時邊境交界處的沙勒維爾梅濟耶爾買了一座城堡,這座城堡的名字叫做「沙通城堡」。這座城堡的位置非常偏僻,城堡周圍都是高山樹林,附近沒有其他住戶,進出城堡也不會被其他人看到。這個地方既可以當成家,也可以成為一個殺人的好去處,米歇爾顯然是選擇了後者。

米歇爾和莫妮克以及法麗達乘車前往亞爾丁高地的一處密林。米歇爾表示他將在那裡分配財產。米歇爾和莫妮克都是表演高手,他們兩人偽裝得很好,法麗達並沒有從他們身上看出或者感覺到任何異常。

莫妮克將汽車開上一條小路,坐在後座上的米歇爾突然暴起發難,他掏出早已準備好的鞋帶迅速勒住法麗達的脖子,法麗達嚇了一跳,她本能地掙扎起來,米歇爾拚盡全力才將她控制住。就在這時,他口袋中

的一把彈簧刀掉了出來，米歇爾立即讓莫妮克撿起這把刀殺死法麗達，莫妮克照做了。

殺死法麗達以後，米歇爾選擇拋屍，他和莫妮克隨手將法麗達的屍體丟在亞爾丁高地附近的森林中。對米歇爾和莫妮克來講，殺死法麗達和丟棄她的屍體不過是一件微不足道的小事，他們不僅沒有仔細挑選拋屍地點，甚至很快就將殺人拋屍這件事丟在腦後，以至於兩人被捕後都不能說出丟棄法麗達屍體的具體地點，警方至今也沒能找到法麗達的屍體。

犯罪心理側寫專家發現，米歇爾是一個非常健談的人，他長相和善，在社會生活中表現正常，他還會做一些雜務或者修理一下電器。他看起來很普通，這種形象和世人心目中的殺手猜想完全不同，而這種外在表象就是米歇爾最好的保護色。

米歇爾被捕後，曾對外宣稱，導致他變成一個殺人惡魔的根本原因就是他的母親曾在他很小的時候侵犯了他。犯罪心理側寫專家對這種說法持懷疑態度，專家們知道，一般性犯罪者在被捕後都會宣稱自己曾經遭到性侵，但從統計學的角度來看，童年時期遭到性侵的性犯罪者在成年以後去性侵其他兒童的可能性很低，所以米歇爾極有可能是在說謊。

米歇爾還宣稱，他的童年生活很艱苦，他和他的母親以及姐姐一起生活在一個條件簡陋的房間內，母親和他的姐姐經常使用一個鐵桶便溺。在米歇爾看來，這種行為對一個女性來說是非常不得體的，這無疑就是一種退化，他的母親或姐姐完全沒有達到他心目中完美女性的預期形象，這也就是他選擇姦殺處女，故意傷害女性的根本原因。對米歇爾來講，似乎只有處女才能擁有如同聖母瑪莉亞那樣純潔的身體，才有資格被他凌辱、殘害。

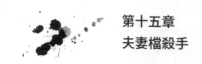

第十五章
夫妻檔殺手

　　犯罪心理側寫專家認為，儘管米歇爾的家庭條件很差，但他口中所透露的資訊並不能解釋他變成一個連環姦殺惡魔的根本原因。我們假設米歇爾的母親和姐姐真的是當著他的面便溺，選擇便溺的工具也確實如他所言，但如何便溺這件事只能算是一種行為，米歇爾厭惡的應該是這種行為本身，而不是行為人，更不可能對女性這個族群產生如此強且深的厭惡感。

　　從某種程度上來講，米歇爾變態地認為女性應該超越肉身，超越所有人類群體，這樣的認知讓他對女性的忠貞和完美產生了誤解，而現實生活中是不可能有這種女性存在的，即便是有，也是米歇爾自行評判、認知的結果，是來自於他的幻想世界。所以，他會毫不猶豫地變態占有這些在他眼中非常純潔的少女。

　　犯罪心理側寫專家發現，莫妮克似乎被米歇爾掌控了，她懷了米歇爾的孩子，對莫妮克而言，讓米歇爾殺死她的前夫已經不是當前最重要的事情了，她幫助米歇爾的初衷出現了轉變，她現在必須保證米歇爾能夠成為腹中孩子的父親。在這種動機的驅使下，莫妮克拚盡全力地滿足米歇爾的全部需求。

　　很快，米歇爾又盯上了年輕女學生法比葉娜・勒羅伊（Fabienne Le-roy），米歇爾安排挺著大肚子的莫妮克去誘拐這個女孩。莫妮克還是沿用之前的誘拐套路，她來到法比葉娜面前，詢問她是否可以帶自己前往醫院。法比葉娜欣然接受了莫妮克的邀請，但她並不知道，米歇爾此時就蜷縮在汽車後座的下面，只待法比葉娜坐上車，他就會用最暴力的手段制服她。

　　米歇爾用鞋帶勒住法比葉娜的脖子，使她窒息昏迷。控制住法比葉娜後，米歇爾趕緊驅車離開小鎮。隨後，米歇爾就在汽車上對法比葉娜

實施了性侵，等他獲得滿足以後，他才用手槍擊中了法比葉娜的頭，法比葉娜當場死亡。殺掉法比葉娜之後，米歇爾又隨手將她的屍體丟進樹林，整個棄屍過程輕鬆得就像是在丟棄一張用過的包裝紙。

犯罪心理側寫專家認為，懷孕的莫妮克有著非常強的迷惑性，她的身體情況似乎預示著她是無害的，對女性而言，懷孕的女人更能激起她們的同情及幫助欲望，但莫妮克就是一個藏著劇毒的魚餌，一旦獵物上鉤，等待她們的就只有死亡。所以說，在米歇爾實施強姦、殺人等罪行的時候，莫妮克看似只是在旁觀，但實際上她就是這些罪行的參與者。

法比葉娜就這樣從超市門口失蹤了，並沒有人注意到她的情況，也沒有任何目擊證人，警方甚至不能確定法比葉娜到底有沒有失蹤，所以這起案子也就不了了之了。法比葉娜遇害幾個月後，米歇爾的孩子出生了，米歇爾和莫妮克隨即表現出了一副即將擁有新生活的面孔，看起來他們兩個都對即將展開的新生活感到滿意。但事實上，米歇爾對誘拐處女、實施強姦的興趣並沒有因為孩子的降生而得到削弱或轉移，新的罪行馬上就要再次上演。

在一輛往來巴黎和沙勒維爾梅濟耶爾的列車上，米歇爾偶然遇到了貞德・瑪麗・德力斯穆特（Jeanne-Marie Desramault），貞德是一個喜歡獨自出門旅行的堅強女孩，她熱情開朗，喜歡自然風光。米歇爾就坐在這名年輕女性的身旁，他主動找貞德聊天，友好善談又是一名孩子父親的米歇爾很快就博得了貞德的認可，米歇爾又趁機向她介紹了妻子莫妮克。他告訴貞德，莫妮克會在列車的終點站接他，在貞德看來，這一切是合乎常理的。

米歇爾告訴貞德，到時他會讓妻子開車送她一程，如果貞德需要工作的話，他們家也剛好想要招一名保母，如果貞德能去家裡幫忙，那就

最好不過了。在貞德看來，剛剛升級為父母的米歇爾、莫妮克是不可能隨便傷害其他人的孩子的，她的生活經驗告訴她，這對夫妻應該會盡量幫助她、照顧她，這也是她同意搭車的原因。

犯罪心理側寫專家認為，連環殺手通常都有兩個完全相反的生活面，在現實生活中，連環殺手會表現得普普通通，他們有一個再正常不過的普通生活。當然，這種看似普通的生活大都是殺手故意偽裝出來，用來掩飾自己身分的工具。在另一面上，連環殺手就會變得十分邪惡，他們會不擇手段地迫害被選中的被害人，給被害人帶來難以想像的災難。

貞德坐上了米歇爾的汽車，在汽車行駛期間，米歇爾突然詢問貞德是否是一名處女。米歇爾的這個問題把貞德嚇了一跳，她有些害怕，但她還是回答了米歇爾的問題，然後就向米歇爾提出了下車的請求。貞德交過男朋友的事實讓米歇爾十分憤怒，他非常果斷地拒絕了貞德的請求，然後就用最快的速度和最大的力量將貞德擊暈。

在將貞德帶到城堡之後，米歇爾就當著莫妮克和兒子的面強姦了貞德，隨後他將貞德活活扼死了。米歇爾把貞德的屍體藏在冰櫃內，放了幾天之後，他才將貞德的屍體埋到城堡外的一處空地上。法國警方很快就展開了有關貞德失蹤一案的調查，但當時，法國境內活躍著許多連環殺手，警方再次將這起失蹤案推到了連環殺手路易士的頭上，米歇爾和莫妮克又一次輕鬆地從警方的視線中逃脫，此時，他們兩人已經穿過邊界進入比利時境內。

在米歇爾和莫妮克離開以後，法國警方又追查了另一名比利時連環殺手馬克‧杜特斯（Marc Dutroux），他在米歇爾活躍的地方連續殺害了6名少女，馬克的出現再次增加了警方破案的難度。此後，米歇爾和莫

妮克一直在比利時和法國兩地活躍，夫婦兩人就在這兩個國家的邊境處搜尋獵物。

犯罪心理側寫專家認為，莫妮克和米歇爾應該會在行凶後相互交流行凶時的感受，這種互相交流的行為讓他們獲得了更深一層的性刺激體驗，也正是這種感覺不斷地驅使著兩人繼續作案。

在比利時境內的那慕爾城內，米歇爾夫婦又看上了年僅 12 歲的小女孩伊莉莎白·布麗吉特（Elisabeth Brichet）。在預謀誘拐伊莉莎白之前，這對惡魔夫妻事先設計好了所有細節，莫妮克先設法讓只有幾個月大的兒子大聲哭泣，並以此引來伊莉莎白的注意，隨後莫妮克就會主動邀請伊莉莎白來陪伴她號啕大哭的小寶寶，伊莉莎白欣然同意，她坐上了米歇爾夫婦的汽車。

犯罪心理側寫專家認為，這次作案是米歇爾夫婦的一個新嘗試，他們開始把年幼的孩子作為誘餌，用他來換取其他好心人的同情。很顯然，米歇爾的新嘗試很有效，伊莉莎白絲毫沒有察覺到任何異常，在她眼中，米歇爾夫婦和她的父母並沒有什麼不同，所以她願意幫助這對夫妻。

伊莉莎白上車以後，米歇爾夫婦就原形畢露，儘管伊莉莎白只有 12 歲，但米歇爾仍舊堅持讓莫妮克確定她到底是不是一名處女，在得到肯定的回覆以後，米歇爾馬上對伊莉莎白發起了攻擊。12 歲的伊莉莎白被米歇爾夫婦帶回了城堡，米歇爾在這裡強暴了她。

米歇爾並沒有馬上殺死伊莉莎白，可能是因為她尚且年幼，也可能是因為她不足以對米歇爾構成威脅，不過最終，伊莉莎白還是被殺害了。伊莉莎白的屍體被埋在了城堡附近的空地內，她的屍體在 15 年後才被警方找到。

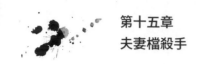

第十五章
夫妻檔殺手

　　比利時警方並沒有將伊莉莎白失蹤一案與法國出沒的夫妻檔連環殺手聯想在一起，當時的刑偵手段還十分落後，沒有網際網路，沒有即時訊息，找不到凶手的作案現場，不清楚凶手的作案手法，從未見過被害人的屍體，也沒有可供調查的線索，這讓破獲凶案成了一件幾乎不可能完成的事情。在當時，這種毫無頭緒的案子一般都會被歸為懸案。

　　11 個月後，這對夫妻檔殺手再次行動，他們盯上了一個跟著媽媽一起逛超市的女孩，她的名字叫娜塔莎·達麗思（Natacha Danais）。在逛超市的時候，娜塔莎的母親因故離開了一會兒，就在她離開以後，莫妮克趁機來到娜塔莎的面前，她假裝自己身體不適，希望娜塔莎能夠幫助她。娜塔莎一表現出關心的樣子，莫妮克就趕緊將她哄騙到汽車前，這時藏在車內的米歇爾迅速將娜塔莎拖進車內，他用東西堵住娜塔莎的嘴，然後驅車逃離作案現場。

　　娜塔莎遭到了性侵，米歇爾隨後又殘忍地掐死了她，她的屍體被米歇爾丟在南特附近的沙灘上。案發 3 天後，娜塔莎的屍體被人們發現。發現被害人的屍體可謂是整個連環殺人案的轉捩點，警方很可能憑藉這條線索將凶手抓獲，但偵破此案的警察犯了一個致命的錯誤。

　　警方抓錯了人，他們將娜塔莎的鄰居讓·格魯瓦（Jean Groix）抓進了監獄，這個並沒有犯罪的男子性格暴躁，警方沒來由的指控讓他無法自制。格魯瓦在監獄中連續殺死兩個人，這讓警方更加堅信他就是殺死娜塔莎的凶手。娜塔莎遇害案就這樣被定了案，警方也沒有在社會上公布任何有關連環殺手或者誘拐少女罪犯的消息。

　　1990 年，所有的事情似乎都得到了終結，隨著格魯瓦被抓，亞爾丁高地附近再也沒有出現過關於失蹤人口的報導。這種情況一直持續到 2000 年，這一年，米歇爾告訴莫妮克，他想繼續獵殺處女。莫妮克

根本沒有拒絕或者阻止米歇爾的權利，而這一次米歇爾也沒有讓莫妮克和他一起行動，他盯上了一名18歲的女學生——席琳·塞松（Céline Saison）。

案發當天，席琳獨自一人離校返家，米歇爾在這個時候走了過來，他告訴席琳自己不小心迷了路，希望席琳能跟他走一程，幫他找到來時的路。善於偽裝的米歇爾迅速得到了席琳的信任，她上了米歇爾的車。席琳剛一上車，米歇爾就迫不及待地將車門反鎖，他告訴驚慌失措的席琳，他要和她發生性關係，如果席琳不同意，他就會把硫酸潑到她的臉上。

席琳不敢反抗，被米歇爾帶回了城堡。但更恐怖的事情還在後面。米歇爾先對席琳實施了性侵，然後又將席琳拖到了客廳內。在這裡，席琳被米歇爾活活勒死了。殺死席琳以後，米歇爾將她的屍體埋在城堡外面的空地上，隨後他就穿過國界回到了位於比利時境內的臨時出租屋內。米歇爾當著莫妮克的面將席琳的書包打開，他把書包內的所有東西全部倒出來，然後向莫妮克講了誘殺席琳的全過程，他還告訴莫妮克，單獨捕獵的過程讓他感到非常滿足。

犯罪心理側寫專家認為，像米歇爾這樣的連環殺手是不可能主動停止殺戮的，他之所以會停了一段時間不再作案，原因是他在上一起謀殺中粗糙地處理了被害人的屍體，這種不嚴謹、粗糙的作案方式讓他感到恐懼，他害怕警方追查到他，所以才主動停止了殺人行為並藏了起來。現在，他認為安全的時刻已經到來，他要再次現身殺人了。

沒過多久，米歇爾又盯上了他殺手生涯中的最後一名被害人——瑪娜亞·桑彭（Mananya Thumpong），瑪娜亞是一個泰國裔女孩，她在色當居住，米歇爾就是在這盯上了她。米歇爾將瑪娜亞誘騙到車廂內，

在這裡強姦並殺死了她，隨後又將她的屍體丟在了色當附近的樹林中。回家以後，米歇爾再次向莫妮克吹噓他是如何誘騙並殺死瑪娜亞的。現在，米歇爾似乎覺得單獨行動帶給他的滿足感比與莫妮克一起行動時更強一些，於是他決定繼續單獨行動。

2003 年，米歇爾又在法國和比利時交界處的一個小鎮上盯上了一名女孩，這名小女孩只有 13 歲，她的名字叫做瑪麗。米歇爾試圖用原來的老方法誘騙瑪麗上車，但瑪麗並不願意搭乘這個陌生人的車，她大聲呵斥米歇爾，希望他離自己遠一點。

米歇爾武力挾持了瑪麗，他將瑪麗的雙手捆起來，然後把她丟在貨車後面的車廂內，米歇爾準備將車開到一個安全的地方再收拾瑪麗，但就在汽車行駛的過程中，瑪麗不斷拚命用腳踹這輛貨車的後門。終於，貨車後車廂的車門被她踹開了，瑪麗從後車廂內滾了出來。這時，恰好有一輛汽車從這裡經過，這輛車的司機看到了從貨車車廂內滾出來的瑪麗，他將瑪麗救了下來。

貨車後車門被撞開以後，米歇爾馬上就察覺到了異常，他停下車，試圖將瑪麗重新抓回車廂，但他的詭計沒有得逞，後面趕來的那名司機也意識到事情並不像表面上看起來的那樣，他勇敢地保護了瑪麗，並將米歇爾貨車的車牌號記了下來。警方按圖索驥，終於將這對夫妻檔連環殺手抓進監獄。但此時，警方尚且不清楚這對看似普通的中年夫婦到底犯下了多少恐怖罪行，也不知道這對夫婦就是他們一直苦尋無果的變態連環殺手。

米歇爾的口風很硬，他被警方抓捕以後，始終不肯洩露任何關於連環殺人案的資訊，他只承認了綁架瑪麗的指控。就在警方束手無策的時候，米歇爾的搭檔莫妮克卻主動向警方坦白了一切。

原來，莫妮克在被羈押期間關注了有關比利時近期被捕的連環殺手馬克·杜特斯的資訊，馬克犯有 6 項謀殺罪，他的妻子因同謀被警方起訴，並被判 30 年監禁。這則消息讓莫妮克十分驚恐，她似乎從中看到了自己的下場。於是，莫妮克決定主動向警方坦白，以爭取獲得寬大處理的機會。

　　莫妮克向警方招供，她宣稱自己只是米歇爾的工具，她不得不聽命於米歇爾，否則米歇爾就會殺了她。在犯罪心理側寫專家看來，莫妮克在整個連環殺人計畫中一直扮演著積極主動的角色，她對未成年兒童似乎也有著不正常的性慾，絕不像她自己宣稱的那樣無辜。法庭最終也沒有相信莫妮克的這種自我辯護式的說法。

　　犯罪心理側寫專家認為，性犯罪連環殺手的作案手段十分豐富，每一名被捕的性犯罪者只會告訴警方一些他們無法隱藏的罪行，這些罪行可能只是他整個犯罪生涯中的冰山一角，所以米歇爾和莫妮克很可能還犯過其他罪行，這其中就可能包括一些嚴重的性侵行為或者其他潛在的謀殺行為。

　　米歇爾在被捕後，一直保持著拒絕與警方溝通的態度，在法庭的被告席上，米歇爾一直緊抱雙臂，用蔑視的眼神注視著控告方及審理此案的法官，他這樣做其實是為了進一步掌控主動權。犯罪心理側寫專家認為，除非警方能夠掌握並向米歇爾出示有力的證據，否則，米歇爾是不會談論其他任何與他有關的犯罪案件的。

　　米歇爾拒絕向警方交代埋藏被害人屍體的地點，他似乎想要透過這種方法來進一步掌控警方，並且他的這種行為可以進一步刺激被害人的家屬，他想要讓被害人家屬變得更加悲傷。

　　2004 年，法庭最終宣判米歇爾犯有 8 起蓄意謀殺及強姦罪，判處他終身監禁並不得假釋；莫妮克被判終身監禁，但她可以在服刑 28 年後得到假釋的機會。

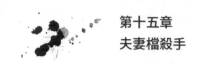

第十五章
夫妻檔殺手

◇ 【背景知識】強姦行為

　　通常情況下，絕大多數對陌生人實施強姦的行為都是由社會層次低的人所為，因為這些人缺乏必要的社交技巧，很難與女性發生正常且合法的性關係，再加上這些人大多有鄙視女性的陋習，所以才會做出強姦陌生女性的事情。

　　如果一個社會地位高，受過良好的教育，有錢又不醜陋的男人對陌生女性實施了強姦，並且這種行為不止一次，那麼世人就可以用「邪惡」這個詞語來形容他。之所以如此，是因為一個擁有社會地位的人本應該更加文明，但當他沉浸於性暴力的時候，他帶給人們的厭惡感也遠遠高於其他性犯罪者。

　　從某種程度上講，有部分性犯罪連環殺手對性的誤解源於他們的童年生活，這部分連環殺手的母親或者女性長輩的行為（可以是殘酷對待孩子的行為或者過於糜爛的性生活）讓他們對女性這個族群產生了蔑視或者仇恨的情感。

　　但是有很多性犯罪者的家庭生活是正常的，這些性犯罪連環殺手在幼年時期也沒有被母親虐待，他們的母親很正常，他們的家族也沒有任何遺傳病或者遺傳性質的精神病，那影響他們的很可能就是他們內心中無邊無際的變態幻想。這些幻想的來源很廣，可能是從鄰居或者其他不良同伴那裡得來的，也可能是從一些不好的人生經歷中獲得的。

　　負面的幻想會讓這些人覺得自己有處置其他人，尤其是女性的權力。這樣一來，這些人就會變成捕獵者，而被他們選中的女性就會變成待宰的獵物。儘管每一名性犯罪者的作案方式是不同的，但致使他們不斷作案的動機卻十分相似。

第十六章

暗夜殺手

在所有的性犯罪或者因性犯罪而引起的謀殺案中，犯罪心理側寫專家都不得不考慮殺人者為何要殺死被害人。從犯罪學的角度來講，單純的性犯罪者是不會在侵犯了被害人之後下手殺死對方的，或者說，性犯罪者在實施性襲擊的過程中並不一定已經產生了殺死被害人的想法。

第十六章
暗夜殺手

1985 年 3 月 17 日，在美國加利福尼亞州洛杉磯市，一名專門偵辦凶殺案件的年輕警探吉爾·卡里羅奉命前往羅斯米德區處理一宗突發命案。處理這種類似的突發性殺人案或者傷人案是吉爾的日常工作，但他並不知道，這宗殺人案是非同尋常的，它即將在洛杉磯市引發一連串的恐怖風暴。

吉爾趕到案發現場，他發現 34 歲的被害人岡崎黛爾（Dayle Yoshie Okazaki）仰躺在廚房內的地板上。黛爾頭部中槍，鮮血流了一地，廚房的地板上還散落著許多需要整理的食品。警方推測，案發時，黛爾應該正在整理廚房，凶手在這個時候潛入廚房，意外撞到黛爾後，就直接朝著她的頭部開了一槍，黛爾當場死亡。

黛爾的室友是一個 22 歲的女孩 —— 瑪莉亞·赫爾南德斯（Maria Hernandez），她同樣遭到凶手近距離射擊，但她幸運地活了下來。瑪莉亞甦醒後，洛杉磯警方向她詢問了案發時的情景，但瑪莉亞並沒有看清楚殺手的樣子，她甚至不能回憶起襲擊她的人到底是高是矮。

警方經過初步調查，發現案發現場沒有被翻動過的痕跡，被害人也沒有丟失任何財物，那麼，警方就不得不考慮作案者是否是因為感情殺人？或者說他根本就是一個走錯房間的搶劫犯？就在警方著手調查黛爾的男朋友以及其他可疑人物的時候，又一起凶殺案發生了。

這起凶案就發生在羅斯米德社區內的蒙特利公園，被害人是一位 30 歲的法學院學生，她的名字叫維羅妮卡（Tsai-Lian "Veronica" Yu）。案發時，維羅妮卡正準備開車回家。突然，有輛汽車衝向維羅妮卡的汽車，它橫攔在維羅妮卡前進的路上，將她逼停在路邊，就在維羅妮卡驚魂未定的時候，凶手掏出手槍朝著維羅妮卡的胸部近距離連開兩槍。

維羅妮卡遇害後，警方經過仔細勘察，發現在這起凶殺案中，凶手

使用的子彈與黛爾遇害一案現場留下的彈殼是同一種，兩起凶案的被害人也都是近距離遭到槍擊，從作案凶器和作案手法上來看，這兩起凶案是有關聯的，也就是說，這兩起凶案的作案者極有可能是同一個人。這就意味著，與警方進行較量的很可能就是一名連環殺手。

犯罪心理側寫專家認為，這起連環殺人案的性質顯示，殺手顯然不是一個典型的連環殺手。常規意義上的連環殺手在殺害被害人的時候，通常都會近距離殺死被害人，但殺人的手法一般都是扼殺、用繩子勒殺、用利刃刺殺、用鈍器錘殺等等，很少會有連環殺手在近距離殺人的情況下選擇使用槍殺。犯罪心理側寫專家的推測讓警方不得不做更全面的準備，因為這種特殊的連環殺手在作案的時候通常都不會按常理出牌，想要將他抓獲是一件非常困難的事情。

就在警方努力調查的時候，又一起凶殺案發生了。3 月 27 日早上，居住在洛杉磯惠特爾鎮郊區，斯莊大道附近的 64 歲居民文森‧札札拉（Vincent Charles Zazzara）和他的妻子 44 歲的梅可馨‧札札拉（Maxine Levenia Zazzara）的屍體被人們發現。被害人是在家中遇害，全部死於近距離槍擊。凶手在這起凶案中使用的子彈與前兩起凶案中使用的子彈是同一種。只是，這起凶案的一些作案細節與前兩起有些差異。

文森顯然是在睡夢中被凶手直接槍殺的，案發時他正躺在沙發上熟睡，凶手用槍近距離射擊了他的頭部，文森當場死亡。梅可馨是在臥室內被殺的，將她殺死以後，凶手還用利刃反覆刺她的胸腔，最後凶手從她身上取走了一件令人恐懼的紀念品 —— 梅可馨的眼球。

犯罪心理側寫專家認為，很多連環殺手都有作案後從案發現場或者被害人身上帶走紀念品的習慣，殺手選擇的可能是被害人身上的一件貼身飾品，也可能是從被害人身上割下來的一塊肉，還可能是被害人身上

的某部分器官。連環殺手之所以會這樣做，更多的是在向警方宣示殺人的「權利」，他們用這樣的方法向警方示威，並用這些紀念品來表示這些被害人的「歸屬」。

5月14日，札札拉夫婦遇害一個多月後，凶手再次作案。凶案發生在洛杉磯蒙特利公園特蘭博文大街附近，66歲的比爾·多伊（Bill Doi）和他56歲的妻子莉莉安·多伊（Lillian Doi）在自己的房屋內遇襲。案發前，莉莉安因為身體不適，獨自搬到主臥旁邊的一間屋子內休養，留下威廉一個人住在臥室。

案發時，凶手潛入多伊一家的房屋後，直接闖進臥室對著比爾的頭開了一槍，比爾當場死亡。殺死比爾後，凶手又來到莉莉安居住的房間，他用手銬將莉莉安銬起來，對她實施恐嚇、毆打以及強姦。滿足了自己的慾望以後，凶手沒有殺死莉莉安，他直接離開了。

犯罪心理側寫專家認為，凶手殺死男人的原因是男人可能會阻礙他的慾望滿足，而沒有殺死女人是因為女人可以供他發洩慾望。可以說在作案之前，凶手就已經想好了他要對女人實施的罪行，而殺死可能阻礙他行動的男性是實施整個罪行的必要條件。

多伊夫婦一案發生6週後，在綠葉城蒙羅維亞，一對80多歲的老姐妹在她們的家中遇害。凶手用鈍器錘殺了這兩位老年婦女，他還對其中一名80歲的老婦實施了性侵。警方在案發現場的牆壁上和被害人的屍體上發現了一些不規則的紅色圓圈，圓圈內還畫著一個紅色的五角星。

頻繁發生的凶案在洛杉磯引起了極大的社會反響，人們都被恐懼的氣氛所籠罩，他們不清楚下一個被害人是誰，也不清楚凶手到底是一名連環殺手還是一個犯罪集團。作案者到底是不是有精神疾病？或者說他就是一個徹頭徹尾的瘋子？在各大媒體的爭相報導下，製造這一系列凶

案的罪魁禍首被冠以「暗夜殺手」（Night Stalker）的稱號。

犯罪心理側寫專家堅持認定製造這一系列連環凶案的罪魁禍首是同一個人，這個人是一個白種人，他可能是美國人，也可能是西班牙人，他很年輕，很強壯，痴迷武力，但他不是瘋子，因為他沒有在凶案現場做出任何比殺手行為更加瘋狂的事情。這個人很可能就隱藏在社區之中，他表面上看起來很普通，他甚至還是一個被其他人所喜歡的人。

1985 年 5 月 30 日，凶手在柏本克再次作案，被害人是一個 41 歲的單親媽媽卡蘿爾（Carol Kyle），她有一名 11 歲大的兒子。案發當天，凶手潛入被害人的房間，他先用手槍控制住兩名被害人，又用手銬將小男孩銬起來並把他鎖到櫃子內，然後對卡蘿爾實施了性侵。這一次，凶手並沒有殺死被害人。

1985 年 6 月 27 日，警方又在阿卡迪亞發現了一具被害人屍體，死者是一名 32 歲的女教師佩蒂（Patty Elaine Higgins），她在自家的臥室內被殺。警方推測，凶手應該先對佩蒂實施了性侵，然後用一把利刃割開了她的喉嚨，佩蒂當場死亡。

7 月 2 日，阿卡迪亞又發生了一起入室殺人案。死者是一名 75 歲的老年婦女瑪麗（Mary Louise Cannon），她獨居在阿卡迪亞郊區的一棟房子內。警方推測，死者生前曾遭到毆打、性侵，她同樣是死於割喉，而且凶手還將她家中的財產洗劫一空。

事情發展到現在，已經完全超出了警方的預料，他們不得不停下手中的搜查工作，來重新思考作案真凶到底是不是同一個人。從常規意義上來講，連環殺手都是一些沿用相似作案手法，使用相同作案凶器的殺手，但這一系列凶案中，凶手使用了好幾種殺人凶器（一共有兩種槍支和一種刀具以及一些鈍器），凶手作案時間、作案地點以及被害人是否遇

第十六章
暗夜殺手

害等線索都有著非常大的隨意性、不確定性。

7月5日，就在警方苦苦尋找這一系列凶案中的相似之處時，凶手又盯上了洛杉磯馬特雷山地區的一個安靜的鄉村。在這個鄉村街道旁的一處住宅中，凶手又襲擊了16歲的女孩惠特妮·班尼特（Whitney Bennett）。案發時，惠特妮的父母隱約聽到樓下傳來了惠特妮的哭聲，他們急忙跑下樓，此時，凶手已經潛逃，惠特妮也倒在了血泊中。

警方認為，凶手應該是從一樓臥室的窗子潛入室內的，惠特妮的房間恰好就在這兒。凶手潛入房間的時候，她正在熟睡，凶手應該是先仔細觀察了她，然後才用一根拆輪胎棒擊打她的頭部，並試圖用繩索勒死她。幸運的是，及時下樓的父母嚇走了作案真凶，惠特妮得以倖免於難。

7月7日晚上凌晨3點的時候，調查員琳達被鄰居的呼救聲驚醒，她急忙穿衣趕了過去。被害人是蘇菲·迪克曼（Sophie Dickman），她今年已經60歲了，凶手潛入她的屋子以後，就用手銬將她銬在了臥室的床上，凶手強姦了她，然後將她的財物搜刮一空。直到凶手離開很久以後，蘇菲才敢發出聲音大聲呼救，等琳達趕到案發現場的時候，作案者早已逃之夭夭。

就在蘇菲遇襲的同一天晚上，60歲的喬伊絲·尼爾森（Joyce Lucille Nelson）在家中遇害，她死於鈍器錘擊。這一晚，殺手連續作案兩次。兩週後，7月20日，凶手再次作案，他潛入麥森·尼丁（Maxon Kneiding）和蕾拉·尼丁（Lela Kneiding）的房屋，趁著尼丁夫婦尚在睡夢中的機會射殺了他們，並搶走房子裡的貴重物品。

殺死尼丁夫婦以後，凶手開車前往洛杉磯太陽谷，闖入科瓦南特一家的房子。凶手首先槍殺了察納隆·科瓦南特（Chainarong Khovananth），又反覆毆打他的妻子頌姬（Somkid Khovananth），他讓頌姬跪在地上向著撒旦起誓，祈求撒旦可以饒恕她的性命。在強姦並殺死了頌姬以後，凶手又侵犯了頌姬年僅 8 歲的兒子。顯然，凶手並不僅僅滿足於殺人和性侵，他還要虐待、恐嚇被害人，他用向撒旦致敬這一形式來獲得更加強烈的性快感。

犯罪心理側寫專家認為，凌辱被害人是連環殺手在作案過程中經常使用的手段，這種行為會讓他們變得更加興奮，被害人慘叫著向他求饒的情形可以給殺手們帶來更為強烈的刺激感，殺手們會認為他們已經完全掌控了局面，他們可以隨意決定被害人的命運。凌辱被害人只是他們取樂的一種方式，沒有什麼能夠比這種偏離正常性衝動的模式更讓殺手們感到刺激了，這也是連環殺手經常折磨被害人、侵犯被害人的根本原因。

犯罪心理側寫專家還認為，警方並不能用對付常規連環殺手的方法來對付製造這一系列凶案的連環殺手，這個連環殺手顯然是一個連環殺手中的異類。常規型的連環殺手在選擇被害人的時候，通常都會挑選那些易於下手或者將自己置於危險之中的人（比如：妓女、癮君子、喜歡離家出走或者喜歡搭順風車的人），但在近期發生的凶案中，被害人都過著再正常不過的生活，他們沒有做出任何給自己招惹橫禍的事情，殺手選擇這些人下手一定有更深層次的原因。

8 月 18 日，「暗夜殺手」又襲擊了一對中年夫妻，他還在案發現場的牆壁上留下了撒旦標記 —— 一個帶著圓圈的紅色五角星。8 月 24 日，「暗夜殺手」又襲擊了住在洛杉磯市南部 50 公里以外一對中年夫婦，他槍殺了丈夫，強姦了妻子並且逼著她向撒旦示愛。

凶手接連不斷瘋狂又變態地作案，截止到 1985 年 8 月，這名連環殺

第十六章
暗夜殺手

手已經殺害 13 人，這讓洛杉磯警方承受了巨大的壓力，所有警員夜以繼日地工作著，他們希望能夠在「暗夜殺手」再次作案之前找到他，將他繩之以法。經過接連不斷的調查，警方認為凶手應該有一輛產於 1976 年的豐田旅行車，警方提示洛杉磯的居民，讓大家留意有關這輛車的資訊。

犯罪心理側寫專家認為，「暗夜殺手」所做的所有凶案都有一個特徵，這個特徵就是凶案的案發現場全部在被害人的家中，凶手作案時都會設法潛入被害人的家中，然後再實施罪行。警方在案發後的偵查中並沒有從案發現場找到任何可供調查的線索，這就意味著凶手是一個入室高手或者是一名慣竊，一般情況下，能夠做到這種水準的入室行凶，作案者很可能是一名盜竊高手，專家建議警方從有盜竊前科的罪犯中尋找「暗夜殺手」。

警方馬上排查了整個洛杉磯市有過盜竊犯罪前科的所有白人年輕男性，不過整個排查工作的工作量很大，警方又設立了專線，希望能夠從民眾那裡得到更多的線索。很快，一條意外線索加速了警方的破案進程，警方在「暗夜殺手」製造的一起凶殺案中意外地得到了一枚指紋，透過這枚指紋，警方終於找到了此案的嫌疑犯 —— 理察·拉米雷茲（Richard Ramirez）。

警方隨即對理察實施了抓捕，在警方設法抓捕理察的時候，犯罪心理側寫專家緊急調閱了理察的檔案，他們想要知道是什麼因素讓他成為洛杉磯人聞風喪膽的「暗夜殺手」。

1960 年，在美國德克薩斯州的邊陲小鎮埃爾帕索，理察·拉米雷茲出生了。理察一家人都是墨西哥移民，這個家庭一共有 5 個孩子，他是最小的那個。

理察的家境並不好，但居住在埃爾帕索的大都是西班牙移民。這裡雖然收入不高，但自然環境很好，理察的童年過得也很快樂，鄰居家的孩子都願意與他一起玩耍，理察本人也是一個很討人喜歡的孩子。

　　犯罪心理側寫專家還專程採訪了理察兒時的玩伴，他的這些玩伴對他的評價都很好，人們都說理察是一個樂觀、積極、開朗並且很適合當作朋友的人。理察的父親工作努力，他雖然對孩子們相當嚴格，但並不過分，理察一家人就像生活在這裡的其他普通人一樣，安靜又祥和。

　　事情在理察 10 歲的時候出現了轉變，理察開始變得很不合群。理察患上了癲癇，他的身體會時不時地顫抖，他開始變得沮喪、頹廢起來，所有的小朋友都知道他得了病，就慢慢疏遠了他，這給理察的生活帶來了非常沉重的打擊。

　　理察慢慢長大，他和他父親之間的關係也變得疏遠了起來，他開始崇拜他的堂兄 —— 麥克（Miguel "Mike" Valles）。理察的堂兄是一名越戰老兵，他有一個很大的黑色皮箱，皮箱內裝的都是他在越戰中收集到的紀念品，這些紀念品充滿了暴力、色情要素。皮箱裡面有一些照片，麥克稱這些照片上的女人都被他強姦過，箱子內還收藏了一些小孩和女人的頭骨。

　　每當理察去麥克那裡玩耍的時候，麥克都會給他看這些紀念品，並對他講很多充滿暴力、殺戮以及色情的故事。犯罪心理側寫專家認為，理察在傾聽這些暴力又恐怖的故事時，並沒有產生任何恐懼或者退縮的情緒，他甚至會為這些故事感到驚嘆，他為這些故事中的情節痴迷。

　　理察在性成熟的年紀接收著這些帶強姦、虐待以及殺戮內容的資訊，觀賞著堂哥珍重收藏的照片，這給他的心理發展帶來了異常強烈的負面影響。青春期正是幻想的高發期，青少年在這一時期所幻想的事物

第十六章
暗夜殺手

會給他的未來帶來強烈且深遠的影響。在這個時期，很多青少年甚至會認為幻想世界比現實世界還要真實，而理察的幻想世界中充滿了虐待和侵犯，這恰恰就是性和侵略的融合。

理察自認為，他誤入歧途的真正原因是他目睹了堂兄殺死妻子的全部過程。那是一場非常激烈的爭吵，麥克拿起槍對著情緒激動的妻子開了一槍，這一槍打在他妻子的面部，她當場就死了。

理察被這一幕驚呆了，但他並不覺得這是一件壞事情，這一幕血淋淋的場景不就是堂哥幾次三番、反反覆覆向他描述的畫面嗎？理察被眼前血腥殘暴的一幕迷住了，他決定做一個和堂哥一樣的人。

犯罪心理側寫專家認為，理察連續作案、不斷殺人的根源與他堂哥殺妻這一幕並沒有直接的因果關係，理察殺人的根源主要來自於潛藏在他內心深處的幻想，這些幻想隨著時間的累積不斷增長，一旦被某些事件引爆，產生出性虐待或者暴力的傾向，那他就會變得極其危險，因為他的幻想世界中已經在不斷上演關於強姦、虐待、虐殺、虐屍的戲碼了。

進入高中後不久，理察開始和一些毒販子廝混在一起，他完全脫離了幼時溫馨和諧的小團體，開始走向犯罪。理察開始對撒旦教和重搖滾音樂感興趣，他很快就輟學步入社會，開始了朝不保夕的「新生活」。從那時起，理察就開始偷一些沒有上鎖或者他能撬動的房子，他成了一名扒手，人們開始用「小偷理奇」、「盜賊察德」等稱號稱呼他。

慢慢地，偷盜無法滿足理察的需求，他準備實施更刺激的犯罪行動。理察試圖在埃爾帕索的一家賓館內強姦一名女客人，他很快被抓到了警察局，隨後，理察離開了德克薩斯州，他準備去加利福尼亞討生活。

理察居住在洛杉磯的貧民窟內，他在這裡迷上了烈酒和海洛因，並過上了吸毒、召妓、偷汽車、入室搶劫的生活。理察經常活躍在洛杉磯郊區，因為這裡的住戶在晚上睡覺的時候經常不鎖門，也沒有關窗的習慣。這裡似乎是理察的天堂，他會穿過這些沒有鎖住的門窗，在這些房屋內偷東西。

　　犯罪心理側寫專家認為，洛杉磯郊區住戶不鎖門窗的習慣讓理察意識到偷盜、不勞而獲是一件非常容易的事情，每一次盜竊成功，都會進一步助長理察偷盜的欲望，他的膽量也在盜竊生涯中變得越來越大。

　　通常情況下，盜竊這種行為只是為了獲得物質收益，偷盜者需要財物來滿足他們生活或者其他方面的需求（比如換取毒品或者嫖妓），一般情況下，偷盜這種行為都是兩個或幾個人一起進行。但是，有些偷盜行為卻是由性這一因素驅動的，盜竊的本身源自於盜竊者想要偷窺的欲望以及由偷竊行為帶來的性刺激驅動。

　　絕大多數的偷竊行為都發生在夜晚，被害人一般都待在家裡，偷竊者開始可能只是進行偷盜，但他們的偷竊行為隨時都有可能演變成暴力搶劫或強姦，甚至還會發展成先姦後殺的惡行。事實上，這種由盜竊演變而來的殺人、性侵行為在犯罪史上是很常見的事情。自 1985 年 5 月起，理察已經無法從盜竊中獲得滿足，他的犯罪行為再次升級，姦殺被害者將成為他今後犯罪的主線。

　　警方抓捕理察的過程很順利，儘管他試圖逃跑，也在大街上跑了 3,000 多公尺遠，但警方早就在周圍布下了天羅地網，在許多熱心市民的幫助下，理察最終被捕。犯罪心理側寫專家與理察會了面，他們似乎從他的眼中看到了代表邪惡的閃光，理察確實是一個魔鬼，見過他的人都這樣說。

第十六章
暗夜殺手

　　理察在被捕的時候，曾經絕望地哭喊了一段時間，犯罪心理側寫專家認為，理察之所以會大聲哭喊，是因為他之前從沒有遇到過類似的事情，在他的人生經歷中，從來沒有這麼多人將他圍起來，這讓他感到害怕，所以他才會絕望地哭出聲來。

　　在後來的審訊中，理察的表現給警方以及犯罪心理側寫專家留下了更加深刻的印象。專家們從他的談吐中察覺到，理察似乎讀過很多與犯罪、謀殺有關的書籍，他可以輕鬆講出很多犯罪學中使用的名詞。專家推斷，理察雖然很早就不上學了，但他在此後的日子裡一定仔細研究過有關殺人或者其他連環殺手殺人手法方面的知識。

　　當警察將他關進監獄的時候，理察竟然認出了這座監獄就是「山腰殺手」小安吉・洛波諾（Angelo Buono Jr.）曾經住過的那一座，當他知道自己要被關進這座監獄的時候，他立刻變得興奮起來。由此可見，理察的內心早已沉浸在犯罪的深淵裡。1989 年，理察・拉米雷茲被判有罪，法庭認為警方起訴的 13 起謀殺罪、30 起謀殺未遂罪、強姦罪、性侵罪全部成立，理察・拉米雷茲被判死刑。

◇
【背景知識】強姦與殺人之間的關係

　　在所有的性犯罪或者因性犯罪而引起的謀殺案中，犯罪心理側寫專家都不得不考慮殺人者為何要殺死被害人。從犯罪學的角度來講，單純的性犯罪者是不會在侵犯了被害人之後下手殺死對方的，或者說，性犯罪者在實施性襲擊的過程中並不一定已經產生了殺死被害人的想法。

　　犯罪心理側寫專家在統計大量罪案研究成果的基礎上提出設想，如果性犯罪者在實施性犯罪的時候，被害人奮力反抗，透過各種方式阻撓

犯罪者的行動，而作案者恰好又是一個暴躁易怒或易於失去自我控制能力的人，那麼他殺死被害人的行為就不是出於蓄意，也就不能在法庭上指控作案者犯有蓄意謀殺罪。

在判斷犯罪者是否對被害人實施了強姦罪行的時候，必須確定整個犯罪過程中是否發生過性器官插入或者相接觸的情況，如果沒有，就只能將其犯罪行為定性成企圖強姦。性虐待者的虐待行為主要是為了透過行為本身來對被害人施加精神或者肉體上的操控，他們從被害人承受痛苦時表現出來的身體或面部反應來獲得心理上的滿足。施暴者施加暴力的根本目的就是迫使被害者為自己的生命祈求饒恕，這也是施暴者獲得快樂的動力源泉。

第十七章

十字弓食人魔

 最成功的連環殺手大都是機會主義者，他們都是非常狡猾、善於挑選獵物的人，這些連環殺手每次作案前都會制定非常周密的計畫，他們所選擇的被害人也多是易於得手或者與作案者有著巨大實力差距的人（比如對孩子、身障人士下手）。這些連環殺手會選擇很偏僻的地點作案，以此來保證整個作案過程的隱蔽性。

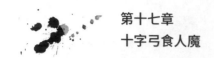

第十七章
十字弓食人魔

2009 年 6 月的一個晚上，英格蘭布拉福，蘇珊‧拉什沃斯（Susan Rushworth）獨自一人在空曠的街道上行走著，她頭上不時滲出一些細密的冷汗，雙手和雙腳也微微顫抖著，她不停地四處張望，似乎是在渴望某人靠近她，又很害怕被某人接近。她的內心非常矛盾，她的毒癮又犯了，她急需一筆現金來購買毒品，為了能夠賺這筆錢，她願意做任何事，即便這樣做會讓她重蹈覆轍，讓她再次跌入深淵，她也毫無悔意。

蘇珊的眼前突然暗了一暗，她抬起頭，看到了一張熟悉的臉。這個人叫史蒂芬‧格里菲斯（Stephen Shaun Griffiths），蘇珊知道史蒂芬是一個有錢的嫖客，他幾乎照顧過這片區域內所有妓女的生意，有時候，他還會向從事賣淫行業的女人提供毒品。一般情況下，跟史蒂芬回家的女人要麼是給他提供性服務的賣淫女，要麼就是需要在他家吸毒的癮君子。蘇珊或許是不想跟他回家的，但她現在別無選擇。

犯罪心理側寫專家認為，蘇珊可能兩者兼有，她不僅是一名妓女，與史蒂芬發生過性關係，而且還經常在他這裡吸毒。史蒂芬顯然是有著暴力傾向的，他會逼迫女性看有關虐待女性的影片，還會向她們讀一些帶有強姦、虐待、殘害婦女情節的書刊。蘇珊根本不清楚史蒂芬現在的精神狀況是很不穩定的，如果她知道自己的結局，相信她一定不會接受他的邀請。

犯罪心理側寫專家認為，史蒂芬‧格里菲斯其實就是一個犯罪心理專家，而且他還正在攻讀博士學位，他的主要研究方向是連環殺手的行為舉止。〈布拉福這座城市中的殺人犯〉就是史蒂芬的博士論文題目，而布拉福這座城市就是他生活的城市。這篇論文的內容是殺手該如何訓練自己並使用工具殺人，很顯然這些內容已經太超過了。

所有去過史蒂芬家的女人都認為史蒂芬是一個有著極強控制欲的男

人，一旦他付了錢或者給了毒品，那他就會宣稱自己有權利按照他想要的方式擺布這些可憐的女人們。史蒂芬‧格里菲斯之所以能夠在連環殺手榜上享有盛譽，並不是因為他曾經連續殺害過 3 名受害者，而是因為他的殺人動機，他是為了出名而殺人。

犯罪心理側寫專家認為，早在史蒂芬犯下第一起殺人罪行的時候，他就已經規劃好了接下來要實施的其他罪行，他就是想成就自己的名聲，即便是罵名。他想要不停地殺人，毫無疑問，如果他不被警方抓住的話，他就會不停作案，直到他的名聲可以傳遍整個世界。

2009 年 6 月，史蒂芬選中了蘇珊，因吸毒而變得十分脆弱的蘇珊顯然是一個容易得手的目標。2009 年父親節前夕，蘇珊獨自在大街上來回走動，很顯然她的毒癮犯了，這讓史蒂芬異常興奮。

蘇珊是被一位朋友帶進毒品大門的，她的婚姻生活很不幸，在遇到毒品的誘惑後，她又品嘗了一次瀕臨破產的滋味。蘇珊曾經嘗試著在這個工業城市的戒毒所內戒毒，但由於她的毒癮很重，所以她需要很長的時間才能將毒癮戒掉。

在戒毒的這段時間內，蘇珊經常回家接受家人們的鼓勵。父親節前夕，蘇珊告訴母親，她想要去藥局買一點美沙酮，一個小時後就會回家，但她一去不返。蘇珊的家人原本以為她又重操舊業了，但蘇珊在父親節過後的第二天依然沒有回家，這讓家人們擔憂起來，他們以最快的速度向警方報了案。

警方雖然很想調查這起案子，但性工作者總是會不停地更換住處，所以他們很難掌控蘇珊的行蹤。時間慢慢流逝，蘇珊依然沒有絲毫音信，看來她應該是失蹤了。為了能夠找到蘇珊，她的家人們還召開了一個記者招待會，但他們並沒有得到任何與蘇珊有關的消息，警方的調查

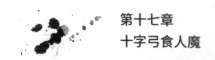
也沒有絲毫進展。

到目前為止，警方尚且不能得出蘇珊是否遇害的結論，也沒有任何線索將史蒂芬與蘇珊連繫在一起，所以警方也懷疑不到史蒂芬。史蒂芬的家就在布拉福紅燈區的中心地帶，蘇珊經常在這片區域招攬顧客，她很可能就是在這兒被史蒂芬帶回家的，因為史蒂芬是一名常客，所以她並沒有對史蒂芬的動機產生懷疑。

犯罪心理側寫專家認為，史蒂芬真正熱愛的不是「犯罪心理學」這門學科，他研究這門學科的目的也不是為了抓住作案凶手，他熱愛的是連環殺手本身，貨真價實的連環殺手。他被這些連環殺手的惡名所吸引，這些殺手都會有一個外號，他們會引起媒體以及社會大眾的關注，會被媒體吹噓到一個非常高的高度，而這正是他想要卻得不到的，他被殺手光鮮的表面吸引住了，即便這些人帶給社會的只有恐懼和恐慌，他也毫不在意。

在連環殺手的世界裡，他們似乎可以控制整個世界，這也正是史蒂芬所追求的目標。犯罪心理側寫專家發現，史蒂芬在 17 歲的時候曾經使用一把尖刀刺傷了一位商店老闆，他也因此被判了 3 年監禁。當時有一名精神病專家認為史蒂芬患有嚴重的精神疾病，而且他還是那種不肯接受精神康復治療的患者。

史蒂芬出獄後不久，就再次用尖刀挾持了一個女孩，他很快又被送進了監獄。由於這名女孩沒有遭到任何傷害，所以他只被關了兩年。出獄後，時間已經是 2005 年了，史蒂芬改頭換面，他設法進入布拉福大學學習，並獲得了該大學頒發的博士學位。

犯罪心理側寫專家認為，史蒂芬和其他連環殺手很相似，他看起來和正常人完全一樣，就算他一直在研究連環殺手，但他似乎不是一個出

格的人，人們都覺得他很普通，即使他擁有了博士學位，這種態度也沒有改變。學校裡的師生並不了解史蒂芬的過去，他們也不知道史蒂芬患有嚴重的心理疾病。

校園生活讓史蒂芬擁有了大把閒置時間，他經常在酒吧和舞廳中廝混，經常像男明星那樣擺出各種姿勢拍攝一些風格特異的照片，他從不避諱自己不喜歡「人」這個事實，所以也幾乎沒有任何人願意與他做朋友。上學期間，史蒂芬按慣例去醫院開治療精神疾病的處方藥，但沒有人知道他是否吃了這些藥丸。犯罪心理側寫專家認為他沒有吃，因為只有這樣才能解釋他之後的行為。

犯罪心理側寫專家訪問了史蒂芬在大學校園中唯一的朋友迪莉婭·巴特利特·佩里（Delia Bartleet Perry）。迪莉婭明確表示史蒂芬是一個很難相處的人，他有時十分嚴肅，有時又暴躁易怒，有時又十分齷齪猥瑣。犯罪心理側寫專家認為，這種不斷切換的情緒狀態就是他精神即將崩潰的前兆，一旦他離開大學校園，長時間獨自一人待在一間房屋內，他的精神狀態馬上就會發生根本上的變化。

從 2008 年起，史蒂芬就開始在自己的房屋內打磨武器，他收藏了很多冷兵器，有長刀、短刀、剔骨尖刀。他每天都會仔細打磨這些武器，並開始磨練使用這些武器的技能。史蒂芬還有一個偶像，他就是「大名鼎鼎」的「約克郡開膛手」彼得·威廉·薩特克利夫（Peter William Sutcliffe）。史蒂芬收藏了很多描寫這個連環殺手的書籍，他將這個連環殺手當作學習對象，從他的身上學習殺死被害人的方法。

這個時候，史蒂芬的精神狀態已經到了崩潰的邊緣了，他的腦海中經常會莫名其妙地閃現出一些殘忍又血腥的畫面，耳朵裡也常常出現幻聽。這就像是有一個惡魔住在他的腦海中一樣，這個惡魔不斷誘惑史蒂

芬，即使他將棉花塞在耳孔中，不停地捶打自己的頭部，也不能抵擋來自「惡魔」的誘惑。顯然，史蒂芬的精神病已經產生了本質上的變化。

2009 年 6 月 29 日，史蒂芬將蘇珊帶回自己家，蘇珊知道史蒂芬有毒品，她希望能夠透過與史蒂芬發生關係來換取他手中的毒品。但就從她走進史蒂芬家門的那一刻開始，她的命運已經不再掌握在自己手裡。

史蒂芬家裡很亂，門對面的牆壁上貼滿了與「約克郡開膛手」有關的大字報，地板上和書桌上散亂地丟了一些關於連環殺手的書籍，書桌旁邊的一張案子上還放著許多開了刃的斧頭、刀劍。在此之前，史蒂芬只是透過書籍了解連環殺手，現在一個成為連環殺手的機會擺在他的面前，他馬上就決定成為一名真正的連環殺手。

史蒂芬用一把錘子殺死了蘇珊，他拚命地捶打蘇珊，直到蘇珊徹底死亡。他將蘇珊的屍體切成碎塊，然後將這些碎塊裝進黑色的垃圾袋中，他將這些垃圾袋暫時儲存在家中，一直等到屍體快要腐爛變質的時候才將垃圾袋背出公寓處理掉。

犯罪心理側寫專家了解到，史蒂芬在殺害蘇珊之前，與他最要好、也是唯一的朋友迪莉婭鬧翻了。迪莉婭告訴警方，史蒂芬曾莫名其妙地對她發火，而她也當場還擊了史蒂芬，她告訴史蒂芬，他就是一個被人寵壞的小男孩，她再也不想和他做朋友了。此後，迪莉婭慢慢疏遠了史蒂芬，史蒂芬曾打了幾通威脅電話給她，並且還寄了幾封下流信件，迪莉婭都與他針鋒相對，一一還擊了史蒂芬。

犯罪心理側寫專家認為，史蒂芬當時還沒有做好成為一名連環殺手的準備，當他和迪莉婭鬧翻的時候，應該是產生過殺死她的想法，但在嘗試了幾次以後，發現迪莉婭並不是一個很好下手的對象，他不得不放棄了這次謀殺，轉而找到了更易下手，更加脆弱，也沒有自我保護能力的蘇珊。

史蒂芬有一種想要加入殺手隊伍的強烈欲望，他向他的偶像「約克郡開膛手」學習，學習他的殺人方法，學習他挑選被害人的方法，學習他處理屍體的方法。史蒂芬還建立了一個網站，他在這個網站上充當了一個非常盛氣凌人的角色，他咄咄逼人地與其他人交流，發洩體內過剩的欲望。但這並不能使他的精神狀態得以好轉，殺人這件事一直是他想做且必須做的事情，更何況在他的腦海中，還有一個不停催促他做不理性事情的聲音，他很快就要再次行動了。

　　雪莉‧阿米蒂奇（Shelley Armitage）原本是一個活潑可愛的乖巧女孩，她出生在一個中產階級家庭，有一個妹妹，一家人的關係融洽，生活和諧幸福，她也願意為這個家奉獻一切。但事情在她 16 歲的時候出現了轉變，當時她剛剛離開學校步入社會，一個販毒集團盯上了她，誘騙她參與到吸毒的活動中。

　　當時毒品剛剛流入這個新興城市，當地人對毒品的危害並不十分了解，在有過 3 次吸毒經歷後，雪莉徹底染上了毒癮，毒癮也徹底改變了她的人生，她開始偷竊，用偷來的錢購買毒品，等到她開始吸食海洛因的時候，她又不得不開始賣淫，因為只有這樣才能籌到購買毒品的資金。雪莉一步步走向墮落的深淵，而她面前的恐怖故事也才剛剛開始。

　　2010 年 4 月下旬，雪莉再次拒絕了家人的幫助，她依然選擇透過自己的身體來換取毒資。4 月 26 日，雪莉的妹妹再次打了電話給她，但她依舊我行我素。當天傍晚，雪莉就去了紅燈區，她站在路邊四處張望，尋找潛在的顧客。天色越來越暗，到現在依然沒有顧客上門，雪莉開始暗暗著急起來，她並不知道，有一名連環殺手正在偷偷打量這裡，他選中了雪莉。

　　史蒂芬是從公寓臨街的窗口觀察雪莉的，雪莉的舉動讓他動了心

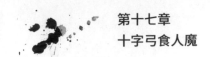

思，他急匆匆地走下樓，沿著街道走向雪莉，他並沒有注意到，街道旁安置的監視器清楚地拍下了他的一舉一動。史蒂芬順利地將雪莉帶回公寓，等到雪莉進入公寓後，史蒂芬在短短的幾分鐘內就將她殺死了。

在雪莉失蹤的當天晚上，她的男朋友就向警方報案了，警方隨即趕到雪莉家做了初步調查，雪莉的家人們都以為她可能去別的男人家過夜了。但事情的發展遠遠超出了雪莉家人們的預料，她成了史蒂芬・格里菲斯手下的第二名受害者。直到雪莉失蹤一週後，雪莉的家人們才意識到事情的嚴重性，雪莉的妹妹每天都會在紅燈區附近詢問其他從事性工作的女性，向她們打聽與雪莉有關的事情，可是沒有人知道雪莉到底去了哪。

史蒂芬被捕後堅決拒絕向警方透露任何與雪莉有關的資訊，沒有人知道他是如何殺死雪莉的，他可能是用弩，也可能是用刀，甚至是用鈍器或者繩索，但不論怎樣，史蒂芬都只會使用冷兵器，他正在向他的偶像學習，他試圖開創屬於他的罪惡名聲。警方在調查史蒂芬的時候，又發現了另一個醜惡的事實。史蒂芬殺死被害人並將其肢解以後，會留下一部分被害人的屍體，然後將另一部分丟到城市附近的艾爾河裡。

犯罪心理側寫專家認為，如果史蒂芬不是一個食屍惡魔的話，那麼他留下死者部分屍體的行為其實是為了將該部分殘肢作為戰利品收藏起來。至此，史蒂芬已經殺害了兩人，但他的行為並不會就此終結，為了能夠將自己構建的人設實現，他一定還會再作一次案，而且還是使用同樣的作案手法。在他看來只有這樣，才能成就他連環殺手的名聲，他才可能被稱為連環殺手。

蘇珊妮・布拉邁爾斯（Suzanne Blamires）出生在布拉福市的一個普通家庭，她接受教育，想要成為一名護士，但她在讀大學的時候染上了

毒癮，並因此被大學開除。此後，蘇珊妮就成了一名性工作者，她透過自己身體賺取供她吸毒的資金。作為一名性工作者，蘇珊妮經常會在紅燈區附近出沒，有一次，史蒂芬偶然看到她正與另一名性工作者交談，他就將蘇珊妮定為他將要殺害的第三名受害者。

史蒂芬用同樣的方法將蘇珊妮帶到他的公寓內，即便蘇珊妮知道跟隨一名陌生男人回家是一件很危險的事情，但她還是決定冒這個風險，因為史蒂芬許諾事成之後會給她一些毒品，這是她無法拒絕的條件。蘇珊妮一進入史蒂芬的房間，就看到了掛在牆面上的武士刀和擺在桌子上的大量刀具，她有些不安，但還是跟著史蒂芬走進房間。

犯罪心理側寫專家認為，蘇珊妮之前一定在這個房間裡待過，並且與史蒂芬發生過關係，從史蒂芬手中獲取過毒品或金錢。雖然有時候史蒂芬也會做一些奇怪的舉動，逼迫她看一些扭曲醜惡的東西，但這些事情對她造成的傷害很有限，也都處在她的承受範圍之內。只不過那個時候，史蒂芬還沒有變態到現在這種地步。

史蒂芬經常採取一些瘋狂又變態的行為來侮辱給他服務的妓女，他喜歡羞辱這些女性，對待她們的態度也很惡劣，有些時候還會使用一些暴力手段。他的這些不近人情、近乎滅絕人性的行為，其實只是為了探索出一條可以和這些人連繫到一起的途徑，成為這些人的實際掌控者，一個可以從她們的痛苦中獲得快感的人。有的時候，史蒂芬還會用他的控制力給她們自由，但現在他會直接殺死她們。

房屋安全管理處的人員清楚地知道史蒂芬的不良紀錄，於是他們就在史蒂芬的住處外安裝了一些監視器，以便於監控這個屢次進出監獄的不良青年。這些監視器忠實地記錄了史蒂芬對蘇珊妮所實施的一切暴行，這些惡行和犯罪心理側寫專家預測的結果一般無二。

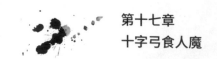

史蒂芬本身就是一個癮君子，他經常服用興奮劑、鎮靜劑、搖頭丸、去氧麻黃鹼以及氟胺酮，他十分依賴這些毒品，而這些毒品也讓他對暴力的畫面日漸沉迷。事實上，史蒂芬所建立的網站也只發表有關弓弩和殺戮的資訊，這些圖文並茂的暴力內容就是他被毒品誘發出來的負面幻想，也正是充斥在他身邊、腦海中的資訊。

對史蒂芬而言，他所描繪出來的這些暴力畫面，其實相當於一次又一次的實戰演練，這些幻想出來的暴力情景會給他帶來一定的舒適感。也正是在這樣的暴力畫面中，他才慢慢建立起了自己的身分形象，並一步步將其注入現實社會中。

等到蘇珊妮進屋以後，史蒂芬原形畢露，他殘忍又暴虐的目光驚到了蘇珊妮，蘇珊妮見勢不妙，就趁著史蒂芬翻找武器的機會倉皇逃出了他的房間。等到蘇珊妮衝到門外兩人寬的過道內後，史蒂芬也冷酷地追了上來，他的手裡端了一把弩機，他先在過道的盡頭站了一下，然後朝著正在逃跑的蘇珊妮扣動了扳機，蘇珊妮的頭被射穿了，她當場死亡。

史蒂芬並不在意過道的另一頭還有一架監視器，殺死蘇珊妮後，他還朝著鏡頭比了一個勝利的手勢，然後就大搖大擺地走出了監視器的拍攝範圍。犯罪心理側寫專家認為，史蒂芬應該是故意做出這種動作的，他的這種行為應該是蓄謀已久的，他當時想的是他的犯罪行為被曝光後，人們將會怎樣看待他，他又將擁有怎樣的社會評價，這些評價會和他想像中的一樣嗎？

第二天，保全在查看監控錄影的時候，發現了史蒂芬殺害蘇珊妮的那一幕，他馬上報了警，史蒂芬很快就被警方抓捕了。在隨後的審問中，史蒂芬雖然沒有表露出任何想要隱瞞事情真相的意圖，他也向警方承認了 3 起謀殺罪行，但他還是只講了一些可能被警方查出來的細節，

其他內幕隻字未提，這其中就包括他是如何殺死 3 名被害人並分解她們屍體的細節。

史蒂芬在被捕前還在公寓內放了一把火，他告訴警方，他這樣做是為了消除 DNA 證據，當警方詢問他為什麼知道這樣可以銷毀證據的時候，史蒂芬就開啟了滔滔不絕的講解模式，有犯罪心理側寫專家戲稱：「史蒂芬看起來就像是一個犯罪心理專家，只不過犯罪心理專家在分析罪案的時候並不會低下自己正義的頭顱。」

史蒂芬拒絕向警方交代有關棄屍的任何細節，他只告訴警方，棄屍地點是一個隻會被電腦或者機器人選擇的地方，那是一個理性的、冷漠的、精神失常的人才會選擇的地方。在回答為何要殺死被害人這個問題時，史蒂芬表示他自己也不清楚，或者說他只是想要殺死自己或者自己身體內的一部分。

犯罪心理側寫專家認為，史蒂芬之所以會承認所有的殺人罪行，是因為他想要成就自己是一名連環殺手的惡名，但當他得到這個惡名以後，他就變得不願意與警方交流了，他想要透過這些警方不知道的案情細節來重新獲得掌控他人的快感。史蒂芬對自己的專業很有信心，他覺得自己就是一個解讀警方辦案程式的專家型人物。

針對一起連環凶殺案，從常規意義上來講，人們往往只會記住那個製造這一系列恐怖事件的人，幾乎沒有人會去記被害人有哪些。如果一名連環殺手被捕，他又向警方陳述了他所犯下的全部罪行，那他就會在世人的心目中留下深刻的印象，儘管這些印象是醜惡又負面的，但這也正是史蒂芬想要達到的目標。

調查人員發現，史蒂芬還涉嫌食用被害人的屍體，他被捕時放火的根本原因並不是為了銷毀 DNA 證據，而是要銷毀那些正在被他烹炸的被

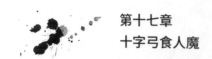

害人屍體。史蒂芬很享受被警方追問時的那種感覺，他還制定了他殺人生涯中的最後一個計畫，這個計畫也是他整個殺人行動中最重要的一個計畫，他會替自己取一個外號，而這個稱號必定會讓所有人都知曉。

史蒂芬選擇在法庭公審的時候公布他的殺手稱號，這確實是一個非常好的機會。法庭公開審訊的時候，當法官詢問他的姓名時，史蒂芬站起身來迫不及待地大聲說道：「我的名字叫做『十字弓食人魔』（Crossbow Cannibal）。」

史蒂芬·格里菲斯在接下來的審訊中大肆宣揚他殺害被害人的細節，這些細節恐怖得讓人難以置信。在對史蒂芬進行宣判的最後一個環節，司法系統還必須確認他在作案的時候是否是保持清醒的。雖然早就有精神病專家認為史蒂芬患有精神疾病，但法庭認為史蒂芬在作案及作案前都擁有著非常清醒的意識，他是在有意識的情況下決定反覆殺人的，他就是在神智足夠清醒的情況下冷酷地追求自己的野心。

史蒂芬·格里菲斯確實實現了他的野心，並追隨著他的偶像「約克郡開膛手」的腳步走進了犯罪的深淵，但他也要為自己所犯下的罪行贖罪，正義是不可能饒恕他的。法庭認為史蒂芬·格里菲斯有罪，應判處他服 3 個終身監禁，並且他永遠也不可能得到假釋的資格。

【背景知識】連環殺手的心理側寫

犯罪心理側寫專家認為，幾乎所有的連環殺手都是不正常的，但他們絕不是瘋子。這種區分是非常重要和必要的。一般而言，具有臨床精神疾病的犯罪者往往不會顧及自身的安全問題，他們肆無忌憚地堅持實施犯罪，就像本文中的史蒂芬一樣。

令人感到不安的事實是，犯罪心理側寫專家一直認為連環殺手的真實面貌更接近生活在我們身邊的鄰居、同事、朋友甚至搭檔。有些犯罪心理側寫專家甚至認為，大部分連環殺手幾乎都是和他們的寡婦母親生活在一起，而具有反社會傾向的犯罪分子則可能是獨居，所以他們很難和社會建立正常的關係。

也有部分連環殺手是與被犯罪心理專家稱為「保母型」的女性同住，這種女性經常被他人的依賴性或被掩飾的軟弱性所吸引。幾乎所有的、不同類型的罪犯都喜歡控制被害人，但連環殺手和性犯罪者除了擁有強大的控制欲望以外，還試圖從被害人身上得到他們需要的其他感覺（比如：性、虐待和想要聽到被害人的祈求聲等等）。

事實上，大部分連環殺手的時間都花在了反偵查這件事上，他們設法製造假證，或者將所有的作案線索消除掉，以求作案成功且不被警方找到。隨著一個又一個凶案發生，連環殺手殺人的衝動以及過度膨脹的自信會一步步削弱他原本保持著的謹慎心理，他很快就會在作案的時候留下重要罪證，然後被警方抓捕。

最成功的連環殺手大都是機會主義者，他們都是非常狡猾、善於挑選獵物的人，這些連環殺手每次作案前都會制定非常周密的計畫，他們所選擇的被害人也多是易於得手或者與作案者有著巨大實力差距的人（比如對孩子、身障人士下手）。這些連環殺手會選擇很偏僻的地點作案，以此來保證整個作案過程的隱蔽性。

大多數連環殺手都是男性，很少有女性連環殺手。很多連環殺手都有返回案發現場故地重遊的行為，他們甚至會偽裝成路人在凶案現場附近圍觀，或者直接偽裝成目擊證人，借用「知情者」或「好心人」的身分接近警方，企圖參與到整個案子的調查中去。

破案！讓關鍵線索浮出水面的「犯罪側寫」：

縝密計劃 or 臨時起意？單獨行動 or 存在共犯？從屍體特徵反推凶手喜好，刑偵專家必備的高端心理技術

編　　　著：許大鵬，京師心智
責 任 編 輯：高惠娟
發 行 人：黃振庭
出 版 者：樂律文化事業有限公司
發 行 者：崧博出版事業有限公司
E - m a i l：sonbookservice@gmail.com
粉 絲 頁：https://www.facebook.com/sonbookss/
網　　　址：https://sonbook.net/
地　　　址：台北市中正區重慶南路一段61號8樓
8F., No.61, Sec. 1, Chongqing S. Rd., Zhongzheng Dist., Taipei City 100, Taiwan

電　　　話：(02)2370-3310
傳　　　真：(02)2388-1990
律 師 顧 問：廣華律師事務所 張珮琦律師
定　　　價：320 元
發 行 日 期：2024 年 08 月第一版
◎本書以 POD 印製
Design Assets from Freepik.com

國家圖書館出版品預行編目資料

破案！讓關鍵線索浮出水面的「犯罪側寫」：縝密計劃 or 臨時起意？單獨行動 or 存在共犯？從屍體特徵反推凶手喜好，刑偵專家必備的高端心理技術 / 許大鵬，京師心智 編著 . -- 第一版 . -- 臺北市：樂律文化事業有限公司 , 2024.08
面；　公分
POD 版
ISBN 978-626-98873-4-7(平裝)
1.CST: 犯罪心理學 2.CST: 犯罪行為
548.52　113010708

電子書購買

爽讀 APP

臉書